M000211686

MINI

Alessandro Sannia

MINI

TECTUM
PUBLISHERS

MINI MINOR

Textes / *Texts :* Alessandro Sannia
Traduction en français / *Translation into French :* Carole Touati
Traduction en anglais / *Translation into English :* Stephen Davies (Centro Traduzioni Imolese)
Crédit photographique / *Photographic contributions :* La majeure partie des photographies de ce livre ont été prises par Alessandro Sannia ou font partie de ses archives personelles; pour les photos de pages 25-29-37-42-59-64-66-68-85 nous voudrions remercier BMW historique archive (Monaco - Germany).
Images in this volume are partly taken from the author's collection; for images of pagg. 25-29-37-42-59-64-66-68-85 thanks are extended to the BMW historical archive (Munich - Germany).

Édition français-anglais / *French-English edition :*
© 2010 Tectum Publishers
Godefriduskaai 22
2000 Antwerp
Belgium
info@tectum.be
+ 32 3 226 66 73
www.tectum.be

ISBN: 978-90-79761-55-5
WD: 2010/9021/25
(114)

Édition originale / *Original edition:*
© 2006 Edizioni Gribaudo srl
Via Natale Battaglia, 12
12027 Milano
e-mail: info@gribaudo.it
www.edizionigribaudo.it

Imprimé en / *Printed in:* Indonesia

Sommaire / Contents

L'idée de Sir Issigonis / Sir Issigonis's idea **6**

Austin Se7en & Morris Mini Minor **16**

1960 - Austin Mini Countryman & Morris Mini Traveller **28**

1960 - Mini Van & Mini Pick-up **36**

1961 - Riley Elf & Wolseley Hornet **44**

1961 - Mini Cooper **54**

1961 - Mini Moke **68**

1967 - Mini MkII **78**

1969 - Mini MkIII **88**

1969 - Mini Clubman **94**

1976 - Mini MkIV **108**

1984 - Mini MkV **120**

1991 - Mini MkVI **128**

1996 - Mini MkVII **140**

2000 - Mini One **152**

Mini mondiale / Mini worldwide **162**

La course / Racing **174**

L'idée de
Sir Issigonis

Sir Issigonis's
idea

Si l'on observe la Mini aujourd'hui, on se rend compte tout de suite qu'elle se détache complètement de la conception automobile des années cinquante, non seulement britannique mais aussi européenne et internationale. Pourtant, son style non conventionnel et absolument inédit s'avéra être la clé de quarante longues années de succès international. La question est : comment la Mini fut-elle conçue ? La réponse est plutôt simple et tient aux événements internationaux qui s'étaient déroulés quelques années auparavant. En 1956, le Colonel Nasser, à la tête du gouvernement égyptien, décida de se rebeller contre le contrôle exercé par l'Europe sur les pays du Moyen-Orient et nationalisa le canal de Suez. Il en résulta une crise avec l'Angleterre et un embargo désastreux sur les exportations de pétrole ; en fermant à la fois le canal et l'oléoduc en Syrie, le coût du pétrole restant disponible dans les autres pays arabes monta en flèche car il ne pouvait être acheminé en Europe que par des bateaux qui devaient contourner le Cap de Bonne Espérance en Afrique du Sud. Pour la première fois, l'Europe dut faire face à un problème énergétique et l'impact sur le secteur de l'automobile fut considérable. Entre 1956 et 1957, le nombre des ventes de voitures dotées de moteurs de moins de 1000 cm^3 fut multiplié par quatre en Grande-Bretagne.

Le premier prototype de la Mini fut surnommé « orange box ». Afin de dérouter les journalistes et les curieux, il comportait une calandre prétentieuse semblable à celle des voitures de luxe. Page de droite : les premières esquisses d'Issigonis pour le projet de la Mini.

The first Mini prototype was nicknamed the "orange box". To confuse journalists and onlookers it had a pretentious radiator grill in luxury car style. Facing page: Issigonis's first sketches for the Mini project.

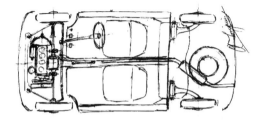

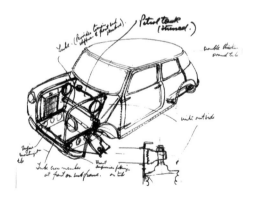

Looking at the Mini today, something becomes immediately apparent: that it was a complete departure from the 1950s conception of the automobile, not just the British conception but also European and international ones. Yet this unconventional, unprecedented style proved to be the key to a staggering forty years of worldwide success. This simple fact begs a question: just how was the Mini conceived? The answer is equally simple and is to be found in the international events of just a few years earlier. In 1956 Colonel Nasser, the head of the Egyptian government, decided to rebel against the control exerted by Europe over Middle Eastern countries and nationalised the Suez Canal. The result was a crisis in relations with Great Britain and a disastrous embargo on oil exports; with both the canal and the oil pipeline in Syria now closed, the cost of oil still available from other Arab countries skyrocketed, as it could now only be brought to Europe by ships forced to transit around the Cape of Good Hope in South Africa. For the very first time the West was forced to face the energy problem, and the impact on the automobile industry was considerable. Between 1956 and 1957 sales of cars with engines smaller than 1000 cc quadrupled in Great Britain. At this point the British Motor Corporation decided to ditch plans for an upgrade of the Morris Minor and embarked,

C'est à ce moment-là que British Motor Corporation décida d'abandonner son projet de nouvelle version de la Morris Minor et s'attela à la conception d'un modèle inédit, initialement baptisé projet XC9003, puis ADO15. Leonard Lord, directeur général de BMC, était convaincu qu'il était temps d'oublier celle qu'il surnommait avec dédain la « bubble-car » et de créer quelque chose d'innovant, compact et économique. L'entreprise qu'il dirigeait était née d'une fusion entre deux constructeurs automobiles britanniques concurrents, Morris et Austin, qui avaient, au passage, absorbé d'autres marques moins importantes. La gamme de véhicules proposée à cette époque par BMC était résolument traditionnelle, parfaitement en accord avec les goûts de la clientèle anglaise et, par conséquent, pas du tout prête à affronter ces changements soudains. Très vite, en fait, la crise conduisit au rationnement du pétrole et à la prolifération en Grande-Bretagne et ailleurs de micro-voitures absurdes, comme les Bonds, fabriquées en Angleterre, l'Iso Isetta - italienne, et plusieurs allemandes (Messerschmitt, Heinkel, BMW 600, Goggomobil, NSU Prinz, Lloyd Alexander). Pour Lord, il ne s'agissait pas simplement d'un problème d'ordre industriel, c'était un affront à la tradition et au bon goût du secteur automobile britannique ! Il fallait absolument trouver une alternative à ces « voitures épouvantables ».

instead, on a project designed to come up with something completely new. Originally called project XC9003, the internal code was later changed to ADO15.
Leonard Lord, Director General of the BMC, had become convinced that it was time to kill off what he disparagingly called the "bubble-car" and design something innovative, compact and economical. The company he controlled had been formed from a merger between two longstanding British car manufacturers, Morris and Austin: it had also swallowed up several other minor brands. At the time BMC offered a decidedly traditional range of models that was perfectly in keeping with the classic tastes of their British customers and, therefore, totally unprepared to face the gathering tide of change. Soon, in fact, the crisis led to petrol rationing and the consequent proliferation in Great Britain and elsewhere of absurd micro-cars; some, such as the Bonds, were made in Britain, while others were Italian (Iso Isetta) and many German (Messerschmitt, Heinkel, BMW 600, Goggomobil, NSU Prinz, Lloyd Alexander). For Lord it wasn't just an industrial problem, it was also an affront to the tradition and good taste of the British automobile industry! An alternative to those "horrendous cars" just had to be found.
Alec Issigonis, who had been working at Morris since 1936 and had designed the Minor, was put in charge of the

G O G G O M O B I L

ISAR
T 700

täydellinen · muotokaunis · voimakas

NSU *prinz*

Aus gutem Hause !

La coordination du projet fut confiée à Alec Issigonis, qui travaillait chez Morris depuis 1936 et avait conçu la Minor. Il venait de réintégrer l'équipe de BMC après une brève expérience chez Alvis. Lord lui donna une mission fort ambitieuse : concevoir une voiture pouvant tenir dans un espace de dix pieds de haut sur quatre pieds de large, dotée d'un habitacle d'au moins six pieds de long et utilisant le plus grand nombre possible de pièces mécaniques existantes ; le tout devant entrer en phase de production dans un délai maximum de deux ans. Issigonis adopta comme point de référence la Fiat 600 conçue par Dante Giacosa, à moteur et traction arrière. Mais son approche était totalement différente : il transféra tout à l'avant et monta un moteur transversal. Le plus gros problème était de tout mettre entre les roues en laissant suffisamment d'espace pour pouvoir braquer. Après avoir écarté l'hypothèse d'un moteur bicylindre, Issigonis décida d'utiliser le moteur A–Series de l'Austin A35 et de la Morris Minor et de le repositionner au-dessus de la boîte de vitesse et non pas à côté. De cette manière, le groupe propulseur était assez court et n'avait besoin que d'un carter d'huile, commun au moteur et à la boîte de vitesse. Afin que la mécanique soit encore plus compacte, Issigonis adopta également le système de suspension à cônes en caoutchouc conçu par son collaborateur Alex

project; he had just returned to BMC after a stint with Alvis. Lord presented him with a daunting task: to design a car that would fit inside a space ten feet high, four feet wide and four feet high, with an interior at least six feet long and that made use of as many existing mechanical parts as possible – to be ready for production in no more than two years. Issigonis took, as his initial benchmark, the Fiat 600 designed by Dante Giacosa, which featured a rear-mounted engine and rear wheel drive. Yet his approach was radically different: he shifted everything forwards and mounted the engine transversely. But the biggest problem was fitting everything in between the wheels while also leaving enough space to make steering possible. After ditching the idea of a two-cylinder engine, Issigonis decided to employ the A–Series used on the Austin A35 and Morris Minor and re-position it above the gearbox instead of next to it. This made the propulsion unit sufficiently short and had the added advantage of requiring just one oil sump, shared by engine and gearbox. To make the mechanics even more compact Issigonis also adopted a rubber cone suspension system designed by his colleague Alex Moulton and obtained new 10-inch wheels from Dunlop, smaller than anything seen previously.
In just four months the ADO15 went from drawing board to

Moulton, et obtint de nouvelles roues de dix pouces Dunlop, les plus petites jamais vues à l'époque.

En quatre mois à peine, l'ADO15 passa de la table de dessin au premier mock-up en bois grandeur nature et, peu de temps après, les trois premiers prototypes, surnommés les « orange boxes », commencèrent les essais sur route. C'était en octobre 1957.

En juillet 1958, Leonard Lord conduisit un prototype ; après seulement quelques minutes au volant, il donna, sans aucune hésitation, son accord pour la production en grande série. Entre ce moment-là et le lancement de la Mini en août 1959, seules quelques modifications significatives furent apportées dont la plus importante fut la réduction du moteur de 948 à 848 cm^3 car la vitesse maximale de 150 km/h atteinte par les prototypes était jugée excessive.

first life-size wooden mock–up. Soon afterwards, the first three prototypes, nicknamed the "orange boxes", started road tests. It was October 1957.

In July 1958 Leonard Lord drove a prototype; after just a few minutes at the wheel he unhesitatingly gave the project the go-ahead for mass production. From then until the launch of the Mini in August 1959 only a few significant modifications were made. The biggest of these was the reduction in engine size from 948 to 848 cc because the maximum speed of 92 miles per hour achieved by the prototypes was deemed excessive.

Alec Issigonis souriant, à côté de son plus grand succès.

Alec Issigonis smiling, next to his greatest success.

MINI No.1 2,730,678 BUILT

MINI MONTE CARLO RALLY WINNER

AJB 44B

· 621 AOK ·

15

1959

Austin Se7en &
Morris Mini Minor

Austin Se7en &
Morris Mini Minor

En avril 1959, les premiers exemplaires de l'« ADO15 » sortirent de la chaîne de montage de Morris de Cowley ; un mois plus tard, afin d'atteindre le nombre de voitures que BMC pensait pouvoir vendre, la production commença également dans l'usine d'Austin à Longbridge. Bien que les voitures fabriquées dans les deux usines aient été parfaitement identiques, elles conservèrent, pour des raisons commerciales, des noms de marque différents. Elles étaient donc commercialisées à la fois par Austin, qui opta pour le nom« Se7en » (avec le chiffre sept à la place du « v »), inspiré d'un modèle qui avait bien marché dans les années vingt, et par Morris, qui choisit le nom « Mini Minor », afin de laisser entendre que cette voiture était encore plus petite que la Minor 1000. Les deux constructeurs la proposaient à la fois en version standard et « De Luxe » avec un habitacle et un extérieur plus sophistiqués.

Malgré le délai limité qui lui avait été imparti, Issigonis parvint à satisfaire tous les objectifs fixés par Lord. La Mini mesurait dix pieds et deux pouces de long, le moteur était transversal, le radiateur imbriqué latéralement à côté de la roue gauche afin d'optimiser l'espace, le coffre était placé directement derrière la banquette arrière avec des charnières vers le bas pour que le hayon abaissé permette le transport d'objets volumineux (dans ce cas

In April the first examples of the "ADO15" started rolling off the Morris assembly line in Cowley; a month later production also commenced at Austin's Longbridge plant, thus bringing output levels into line with BMC's sales forecasts.

Although the cars coming off the two lines were to all intents and purposes identical, they nevertheless retained their separate brand names. Hence they were marketed both by Austin, which went for the name "Se7en" (the number taking the place of the "v"), taken from a successful 1920s model, and Morris, which plumped for the name "Mini Minor", the idea being to highlight the fact that it was even smaller than the Minor 1000. Both manufacturers produced both a standard version and a "De Luxe" model with a more refined interior and exterior finish.

Despite the limited amount of time granted him, Issigonis managed to meet all of Lord's goals. The Mini was ten feet two inches long; the engine had a transverse mounting; the radiator was squeezed in sideways next to the left wheel so as to optimise use of space; the boot was placed directly behind the rear passenger seat, its hatch hinged at the bottom so as to create a tailgate that allowed bulky items to be transported when lowered (in this case the number plate could be flipped down to make it visible). To simplify

La Mini fut lancée en 1959 avec deux noms de marque :
Austin et Morris. Son moteur avant transversal était révolutionnaire
dans le secteur automobile britannique, plutôt traditionaliste.

The Mini was launched in 1959 under both the Austin and Morris brand
names. Its front-fitted transverse-mounted engine was a revolutionary
departure from what the traditionalist British automobile industry had
previously offered.

19

Elle ne mesurait que dix pieds de long mais son habitacle, simple et minimaliste, pouvait accueillir confortablement quatre passagers.

Despite an overall length of just 10 feet, the Mini could still seat four people comfortably in its simple, essential interior.

*Trois versions de la Mini étaient
disponibles ; la version « De-Luxe »
présentée ici était le modèle
intermédiaire, entre la standard
et la « Super De-Luxe ».*

*Three Mini versions were available;
the "De-Luxe" shown here was the
intermediate model, between standard
and "Super De-Luxe".*

la plaque d'immatriculation pouvait être retournée pour être visible). Afin de simplifier la construction et de minimiser les coûts, les soudures de la carrosserie étaient à l'extérieur, les charnières des portes étaient apparentes et les vitres coulissantes. Malgré tout, la Mini fut mise en vente à un prix inadéquat : elle n'était pas vendue assez chère et les profits générés étaient bien maigres, voire nuls. La direction de BMC se justifia en avançant que c'était le seul prix auquel une voiture de ce type pouvait être compétitive – mais on la soupçonnera toujours d'avoir commis une grossière erreur de calcul.

La Mini fut présentée en avant-première aux journalistes en avril et arriva chez les concessionnaires le 26 août. L'accueil que lui réserva le public fut bien moins

construction and minimise costs the body welds on the Mini were external, the door hinges visible and the windows sliding. Despite all this, the Mini was put on sale at the wrong price: it cost too little and revenues generated meagre profits, if any. Management at BMC justified themselves by saying it was the only price at which a car of that type could be competitive – yet the suspicion of a clamorous mistake in cost calculation always remained.

Journalists had been given a preview of the Mini back in April, long before its arrival in the showrooms on 26th August. Yet the public gave the vehicle a cooler reception than Lord and Issigonis had expected: despite all its fine qualities, many British motorists still judged a car by its size and they simply

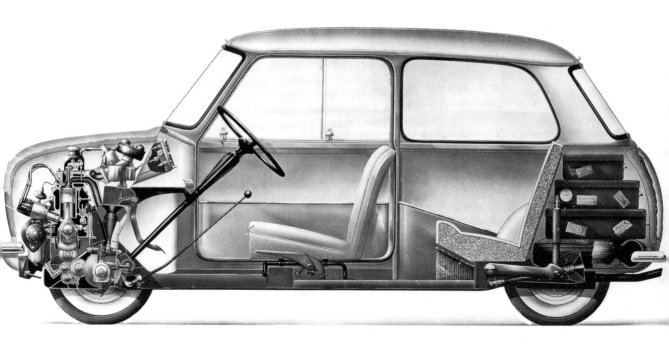

chaleureux que l'attendaient Lord et Issigonis : en dépit de ses qualités évidentes, de nombreux automobilistes anglais jugeaient encore la valeur d'une voiture en fonction de sa taille et ils n'étaient pas convaincus qu'elle pouvait transporter quatre personnes dans des conditions normales. Compte tenu des difficultés initiales en termes de qualité et du traditionalisme propre aux Britanniques, on peut comprendre que la commercialisation de la Mini n'ait pas démarré sur les chapeaux de roues.

Cependant, lorsque la reine Elisabeth déclara qu'elle voulait en essayer une – ce qu'elle fit d'ailleurs lors d'une promenade à Hyde Park en compagnie d'Issigonis – la perception de cette petite « boîte » commença à évoluer. Au fur et à mesure de l'expansion de la gamme – en seulement deux ans, deux versions familiales, les luxueuses Riley Elf et Wolseley Hornet et, surtout, la Mini Cooper furent introduites – le succès pointa le bout de son nez. Il ne fallut pas longtemps pour que tout le monde soit conquis par ce véhicule maniable et compact. Quand les pilotes de Formule 1 de l'équipe Cooper, Jack Brabham et Bruce McLaren, se mirent au volant de la « boîte » d'Issigonis et qu'elle commença à gagner des courses, sa popularité parmi les jeunes grimpa. Le nom « Mini » devint tout un symbole et c'est ainsi qu'en 1962 l'Austin Se7en fut rebaptisée « Austin Mini 850 ».

didn't believe that it could routinely carry four people. Given the inevitable teething troubles and intrinsic British traditionalism, the fact that the Mini got off to a slow start is perhaps an understandable one.

However, when Queen Elizabeth said she wanted to try one out – which she did, taking it for a spin around Hyde Park in the company of Issigonis – people's perception of this funny little "box" began to mellow. As the range steadily expanded – in just two years family versions, the luxury Riley Elf and Wolseley Hornet and, above all, the Mini Cooper were all introduced – its success gathered pace. Before long just about everyone had been won over by its superb handling and compactness. Both of the Formula 1 Cooper team drivers, Jack Brabham and Bruce McLaren, drove Minis and when Issigonis's "box" started winning races its popularity among the young soared. The very name "Mini" became a symbol and in 1962 the Austin Se7en was itself renamed the "Austin Mini 850".

In 1964 the suspension was modified with the introduction of the "Hydrolastic" system, a hydraulic mechanism interconnecting front and rear wheels that Moulton had started designing yet had failed to complete before the Mini's launch.

An optional automatic gearbox was added the following

AUSTIN mini DE LUXE SALOON

See, now, the most fascinating and widely acclaimed version of the Mini. Pert and smart in appearance, the Austin Mini De Luxe Saloon is fully equipped with every motoring refinement. Among the additional items of exterior equipment included on the De Luxe Saloon are wheel embellishers, bumper overriders supplemented by tubular extensions, bright finishers to windscreen and backlight, and stainless surrounds to the lower panel sills and opening rear windows.

A range of exciting colours is available on all Austin Minis and there is an eye-catching trim chosen to complete each colour scheme. Driving equipment is second to none. Take a trip through the darkness and see how the double-dip headlamps and flashing direction indicators provide the necessary confidence for comfortable night driving. You will find also that in fair weather or foul, the screen can be kept perfectly clean because in addition to the twin wiper blades, windscreen washers are fitted to all Austin Mini Saloons.

Inside and out there are many more fascinating and exclusively designed features to commend this revolutionary Austin Mini — a worthy successor to the famous line of small cars which started as a dream of the late Lord Austin in 1921.

25

En 1964, la suspension fut modifiée par l'introduction du système « Hydrolastic », un mécanisme hydraulique interconnecté aux roues avant et arrière que Moulton avait commencé à étudier auparavant mais qu'il n'avait pas réussi à achever avant le lancement de la Mini.
L'année suivante, une boîte de vitesse automatique fut ajoutée. La Mini MkI fut produite pendant huit ans et finalement, un peu moins de 1 200 000 exemplaires sortirent des chaînes de production. Il semblait désormais évident que la voiture était loin d'être démodée et, qu'avec quelques améliorations, elle serait prête à affronter le marché pendant encore bien longtemps.
En 1966, BMC fusionna avec Jaguar pour fonder British Motor Holdings et se mit immédiatement au travail afin de remettre au goût du jour son produit le plus réussi.

year. The Mini MkI was produced for eight years and in the end just under 1,200,000 of them rolled off the production lines; it was clear, at that point, that the car was far from outmoded and that, through upgrades, would be able to satisfy market demand for a very long time to come.
In 1966 BMC merged with Jaguar to give rise to British Motor Holdings and immediately set about updating its most successful product.

1960

Austin Mini Countryman & Morris Mini Traveller

Austin Mini Countryman & Morris Mini Traveller

En mars 1960, BMC prit la décision d'étendre la gamme avec de nouvelles versions destinées aux petites entreprises. Leur châssis avait été allongé de dix pouces afin d'augmenter la capacité. En plus d'une fourgonnette, un petit break fut également construit. Il conservait les quatre sièges de la version initiale, mais son coffre était plus spacieux et pouvait en outre être agrandi grâce aux sièges rabattables. Sur toute la moitié avant la carrosserie était identique à celle de la berline, mais l'arrière était plus long et doté de vitres latérales coulissantes et, trait caractéristique emprunté aux tout premiers modèles, des bandes en bois clair encadraient les flancs arrière, comme sur la Morris Minor Traveller. Cette idée, purement esthétique, imitait les « woody-wagons » nés aux États-Unis à l'époque de la Seconde guerre mondiale et devenus populaires en Europe dans les années quarante et cinquante. Comme pour la berline, le break était proposé en deux versions : l'Austin « Se7en Countryman » et la Morris « Mini Traveller ».

La version « woody-frame » avec son cadre en bois était le dernier souffle d'une mode qui était en passe de disparaître, d'où la décision de BMC, en mars 1961, d'ajouter un modèle « full-metal », entièrement construit en tôles d'acier. Mis à part des considérations purement esthétiques, elle avait l'avantage d'être plus facile

In March 1960 BMC decided to extend the Mini range by offering new versions for small businesses. These were built on frames lengthened by ten inches to increase load capacity. In addition to a van, a small estate car was also developed: this retained its usual four seats but also had a rear double door and a bigger luggage compartment that could be made twice as large again by folding the rear seat forwards. Along the front half of the vehicle the bodywork was identical to that on the saloon version of the Mini, while the elongated rear had sliding side windows and pale wooden strips - a characteristic taken from the first models - framing the rear flanks, similar to those previously seen on the Morris Minor Traveller. Purely aesthetic, the idea was to imitate the then-fashionable "woody-wagons" that appeared around the time of the Second World war and which became popular in the 1940s and 1950s. As with the saloon car, there were also two versions of the estate model: one was the Austin "Se7en Countryman" and the other the Morris "Mini Traveller".

The "woody-frame" version, with its wooden strips, was the last gasp of a fading fashion; hence BMC's decision, in March 1961, to add a full-metal version made entirely of steel panelling. Aesthetic considerations aside, this had the advantage of being simpler, easier to construct and more

1960

Mini Van &
Mini Pick-up

Mini Van &
Mini Pick-up

En mars 1960, conjointement aux versions break, BMC lança sur le marché anglais une nouvelle petite fourgonnette légère, d'une capacité de 250 kg. Adoptant la stratégie commerciale de la Mini, elle fut proposée au prix incroyablement bas de 360 livres sterling. Ce nouveau véhicule était principalement inspiré de la berline, dont il conservait tout l'avant, à l'exception d'une calandre métallique vernie, plus économique que celle en chrome habituellement utilisée. Comme la version break, il était équipé de portières arrière à double battant mais l'absence de vitres latérales et de sièges arrière en faisait un véritable deux-places, laissant la priorité à la capacité de charge. Une fois encore, pour des raisons commerciales, le principe de la double marque Austin « Se7en Van » (puis, à partir de 1962, Austin « Mini Van ») et Morris « Mini Van » s'imposa. En janvier 1966, une version ouverte vit le jour, là encore sous les deux noms de marque Austin « Se7en Pick-up »
(à partir de 1962 Austin « Mini Pick–up ») et Morris « Mini Pick-up ». Comme pour la fourgonnette, les modifications concernaient l'arrière : la partie inférieure des côtés était rabattable afin de faciliter le chargement de la marchandise. Une bâche était également fournie pour couvrir l'arrière si nécessaire. Bien qu'initialement destinées à un usage commercial, la Mini Van et la Pick-up

In March 1960, together with the estate car versions, BMC also launched a new small van with a 250-Kg load capacity on the British market. Following the sales strategy adopted with the Mini, it was launched at the incredibly low price of £360. This new vehicle was essentially a derivative of the saloon car; the front half was essentially the same, except for a painted sheet metal radiator grill that was more economical than the chromium one usually fitted. Like the estate version it featured rear double doors, yet had no side windows or rear seats, effectively making it a two-seater yet boosting load capacity. Once again, for commercial reasons, the twin-brand scheme of the Austin "Se7en Van" (from 1962 onwards the Austin "Mini Van") and Morris "Mini Van" prevailed. The following January saw the introduction of a new open-bed version, again produced under separate brand names as the Austin "Se7en Pick-up" (from 1962 onwards the Austin "Mini Pick–up") and the Morris "Mini Pick-up". As with the van the modification mainly affected the rear; the lower side panelling was retained yet a drop-down tailgate made loading easier. A tarpaulin was also supplied to cover the pick-up bed when necessary. Although conceived as small business vehicles, the Mini Van and Pick-up also proved popular among the young, who found them practical and fun. Many, in fact, bought them as private vehicles since they were ideal for leisure and the perfect accessory in the

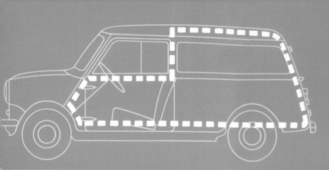

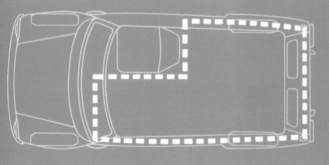

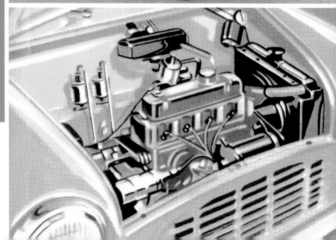

*La Mini Van et la Pick-up furent
très appréciées en raison de leur
maniabilité et de leur prix.*

*The Mini Van and Pick-up were
widely appreciated thanks to excellent
manoeuvrability and low cost.*

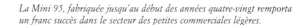

La Mini 95, fabriquée jusqu'au début des années quatre-vingt remporta un franc succès dans le secteur des petites commerciales légères.

The Mini 95, produced until the early 1980s, was a successful lightweight small business vehicle.

41

étaient également appréciées par les jeunes, qui les trouvaient sympathiques et pratiques. Beaucoup d'entre eux les achetaient pour les utiliser comme des voitures normales car elles étaient idéales pour les loisirs et se fondaient à la perfection dans l'ambiance du « swinging London » des années soixante. Ces deux Mini « professionnelles » furent produites pendant des années sans subir de modifications significatives. 1967 marqua l'arrivée de la MkII, avec un moteur 998 cm^3 en option et le modèle 848 cm^3 proposé comme moteur de base. Deux ans plus tard, ce fut le tour de la MkIII, même si pour la Van et la Pick-up il s'agissait essentiellement d'un changement de dénomination commerciale : la marque devint « Mini » et Austin et Morris furent abandonnés. Avec quelques améliorations mécaniques, petites mais continues, comme la boîte de vitesses synchronisée, et esthétiques, comme le volant rembourré de l'Austin Allegro, la production se poursuivit jusqu'aux années quatre-vingt. En novembre 1980, la production de la version Mini Pick-up 850 s'arrêta et la Mini Pick-up 1000 et la Mini Van furent produites jusqu'en 1983. En tout, 521 005 Van et 58 179 Pick-up furent construites.

swinging London of the Sixties. These two "working" Minis were produced for a long time without undergoing any significant changes. In 1967 came the switch to the MkII, yet the 998 cc engine was an optional and the 848 cc continued to be the standard. Two years later came the MkIII, yet for the Van and the Pick-up this was essentially a re-labelling operation: the brand became "Mini" and the duel names Austin and Morris were ditched. With small jet continuous improvements to both mechanics (e.g. the synchronized gearbox) and styling (e.g. the padded steering wheel of the Austin Allegro), production continued until the 1980s. The Mini Pick-up 850 was finally discontinued in 1980 while the Mini Pick-up 1000 and Mini Van continued to be produced until 1983. A total of 521,005 Vans and 58,179 Pick–ups were built.

Malgré ses dimensions externes, la Mini Van pouvait transporter 250 kg et offrait un volume de charge intéressant.

Despite its compact external dimensions the Mini Van was able to carry a quarter of a ton and offered a good load volume.

43

1961

Riley Elf &
Wolseley Hornet

Riley Elf &
Wolseley Hornet

Aux yeux du public anglais traditionaliste, la forme de la Mini était absolument extravagante. BMC eut donc l'idée de proposer une version qui, d'une certaine manière, pourrait sembler plus conventionnelle et plus luxueuse et attirer de ce fait des clients intéressés par un produit milieu de gamme. Le résultat fut plus bizarre que jamais. L'idée était de construire un véhicule à trois volumes aux lignes classiques doté de la même plate-forme, de la même mécanique et, pour la partie centrale, de la même carrosserie que la Mini, mais avec un avant entièrement revisité. En effet, en plus du coffre qui allongeait la voiture de huit pouces et demi, l'avant comportait une calandre verticale imposante, conforme aux diktats de la mode anglo-saxonne du moment, flanquée de deux grilles latérales chromées massives. Deux versions de cette nouvelle Mini, lancée en 1961, furent encore une fois proposées, avec deux niveaux d'équipement différents. La version la plus économique, baptisée « Hornet », était vendue sous la marque Wolseley, l'entreprise fondée par Herbert Austin en 1895 qui avait joué un rôle clef dans les premières années du secteur automobile britannique. D'un point de vue marketing, ce choix n'était pas dû au hasard, car Wolseley avait principalement construit des berlines de gamme moyenne haute ; quant au nom Hornet, il avait été repris d'un célèbre modèle des années trente. En revanche,

In the eyes of the traditionalist British public the lines of the Mini were nothing less than bizarre. BMC thus came up with the idea of offering a version that might, in some way, seem more conventional and more upmarket and therefore attract customers from the mid-size segment: the result, however, was more bizarre than ever. The idea was to build a small saloon car with classic lines that would have the same platform, mechanics and central bodyshell as the Mini, yet with marked restyling of the front. In addition to the long-tailed rear – which lengthened the car by eight and a half inches – a showy, upright radiator grill was installed in keeping with the Anglo-Saxon styling dictates of the time, being flanked by two weighty, chromium-plated side grills. This new Mini, launched in 1961, was again a brand-engineered operation with two models offering distinct levels of "luxury". The cheaper version, the "Hornet", was sold under the brand name of Wolseley, the company founded by Herbert Austin in 1895 that had played a key role in the fledgling years of the British motor industry. From a marketing viewpoint, the choice was not a casual one as Wolseley had mainly built medium-high class saloon cars: even the name Hornet was taken from a famous model of the 1930s. The second version, even more refined and costly, was, instead, marketed as the Riley "Elf". Once again, a brand

La Riley Elf était une Mini de luxe,
spécialement fabriquée afin de satisfaire
les clients aux goûts plus classiques.

The Riley Elf was a luxury version of the Mini,
specially made to satisfy customers with more
traditional tastes.

47

Le tableau de bord raffiné en bois de rose de la Riley Elf.

The refined walnut-lined dashboard of the Riley Elf.

WOLSELEY
Hornet
Mk III
with Hydrolastic Suspension

50

l'autre version, encore plus sophistiquée et plus chère, portait le nom de Riley « Elf ». Là encore, c'est le nom d'une marque ayant jadis fabriqué des voitures de sport luxueuses qui fut choisi. Les différences entre les deux modèles étaient légères et se limitaient à quelques détails esthétiques : calandres (celle de Hornet comportait le fameux blason lumineux des Riley) et grilles latérales différentes, et tableau de bord boisé pour l'Elf.

Le moteur n'était autre que le modèle classique A-Series de 848 cm³ de la Mini.

En janvier 1963, l'Hornet et l'Elf MkII furent lancées. La modification majeure était l'installation du moteur Cooper de 998 cm³, qui boostait la puissance de 34 à 38 chevaux et améliorait les performances. En octobre 1966, vint le tour de la MkIII, qui coïncidait avec le transfert de la production à l'usine Austin de Longbridge. Les améliorations comprenaient un contrôle des vitesses plus efficace dérivé de la Mini Cooper, une meilleure ventilation de l'habitacle, des vitres descendantes et non plus coulissantes et des charnières dissimulées dans les flancs et non plus visibles. En 1967, une boîte de vitesses

name that had once built splendid luxury and sports models was used. Differences between the two models were, however, insubstantial, being limited to a few styling points: different radiator grills (the Hornet's had the famous luminous coat of arms typical of the Rileys) and side grills, a wood-lined dashboard on the Elf.

The engine remained the classic 848 cc A-Series used on the Mini.

In January 1963 the Hornet and Elf MkII appeared. The main modification was the installation of the 998 cc Cooper engine, thus boosting power from 34 to 38 HP and enhancing performance. October 1966 saw the launch of the MkIII, which coincided with the shift in production to Austin's Longbridge plant. Improvements included a more efficient gear control derived from the Mini Cooper, better interior ventilation, wind-down door windows instead of sliding ones and hinges now neatly tucked away inside the side panels. An automatic gearbox was offered as an optional in 1967, while synchronised gears only arrived in 1968.

L'autre Mini de luxe, la Wolseley Hornet. La MkIII de 1966 fut la dernière de la gamme et continua à être fabriquée jusqu'en 1969.

The other luxury Mini, the Wolseley Hornet. The MkIII of 1966 was the last in the series and continued to be built until '69.

automatique fut proposée en option et les vitesses synchronisées arrivèrent en 1968.

La production des deux « Mini de luxe » se poursuivit jusqu'en août 1969 avec un total de 30 912 Riley et 28 455 Wolseley fabriquées, ce qui, comparé aux cinq millions de Mini, reste un succès plutôt limité.

Après leur sortie de scène, le rôle de la Mini élégante fut cédé à la Mini Clubman.

Production of the two "luxury Minis" continued until August 1969; a total of 30,912 Rileys and 28,455 Wolseleys were made, which, against a total of five million Minis, highlights their rather limited success.

Once they left the scene the role of luxury Mini was largely left to the Mini Clubman.

53

1961

Mini Cooper

Mini Cooper

En été 1959, date du lancement de la Mini, John Cooper était l'un des hommes les plus célèbres d'Angleterre : son monoplace à moteur arrière était sur le point de remporter le Championnat du monde de Formule 1, démontrant combien les moteurs avant utilisés par Ferrari étaient archaïques. BMC pensa tout d'abord lui envoyer une Mini afin de prendre quelques clichés publicitaires, mais les choses prirent une tournure bien différente... Ce fut le coup de foudre entre le constructeur du Surrey et la Mini. Cooper apprécia immédiatement la maniabilité de la Mini qui, associée à un moteur puissant, pourrait donner d'excellents résultats. Et Cooper avait le moteur qu'il fallait : l'Austin A-Series 948 cm^3 utilisé sur les monoplaces d'entraînement de Formule 1 Junior.

John Cooper adapta également la version 848 cm^3 de la Mini et de 38 chevaux, on passa rapidement à cent. L'étape suivante consistait à montrer la voiture à Issigonis, qui, convaincu que la Mini devait être un véhicule populaire et non pas un engin de course, n'était pas très intéressé par ce projet. Mais Cooper n'abandonna pas et invita le directeur général de BMC, George Harriman, à participer à un essai sur route. Résultat : Harriman autorisa la production de mille exemplaires, le minimum requis pour obtenir l'homologation afin de pouvoir concourir en catégorie Tourisme, catégorie destinée aux voitures normales. Pour chaque Mini Cooper

When the Mini was launched in the summer of 1959, John Cooper was one of Great Britain's most famous men: his single-seater, rear-engined cars were on the verge of winning the Formula 1 World Championship, thus demonstrating the 'backwardness' of front-mounted engine designs such as those used on the Ferraris. BMC initially thought of sending him a Mini just to have a few publicity shots taken with him. Yet things went far better than expected: between the maker of the Surrey and the Mini it was, it seems, a case of love at first sight. Cooper immediately realised that the Mini's manoeuvrability, together with the right engine, would produce excellent results. And Cooper already had that engine: the Austin A-Series 948 cc used on the Formula Junior trainers.

John Cooper also adapted the 848 cc version of the Mini and the 38 HP promptly became a hundred. The next step was to show the car to Issigonis, who, however, seemed uninterested in the project as he believed the Mini should be a working-class car, not a racing car. But Cooper didn't give up and he had BMC's Director General, George Harriman, take it for a test drive. The upshot was that Harriman authorised an initial production run of 1000 cars, just enough to obtain the approval needed to race in the Tourism category set aside for normal factory-made cars. Moreover, for each Mini Cooper sold, John Cooper would receive £2 of royalty.

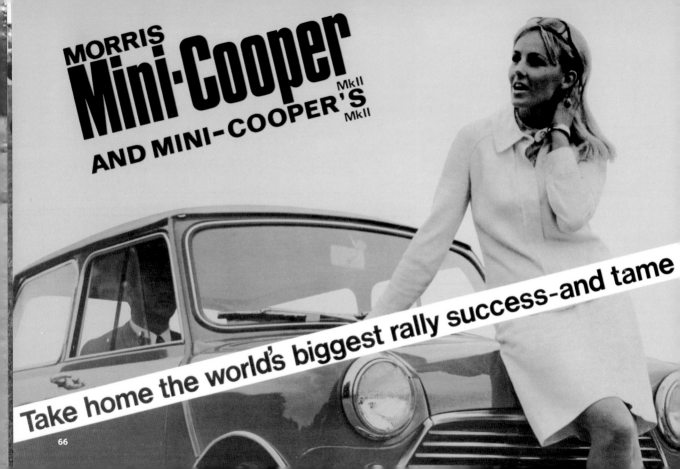

MORRIS **Mini-Cooper**
AND MINI-COOPER'S MkII MkII

Take home the world's biggest rally success–and tame

66

L'habitacle de la Mini
Cooper ressemblait
à celui des autres
versions, mis à part
le levier de vitesse.

The interior of the Mini
Cooper differed little
from that of other
versions; note, however,
the different gearshift
lever.

1961

Mini Moke

Mini Moke

Alors qu'il se consacrait à la conception de la Mini, Alec Issigonis planchait également sur un autre projet : fournir à l'armée britannique un petit véhicule léger et basique, alternative à la Land-Rover. L'idée consistait à exploiter la mécanique de la Mini afin de créer un véhicule ouvert ultra-compact, quasiment plat, fourni avec le pare-brise démonté, ce qui permettait de les empiler les uns sur les autres, les roues reposant sur le garde-boue du véhicule se trouvant en dessous. Le fait qu'ils soient légers permettait de les transporter par hélicoptère ou de les parachuter depuis des avions par lot de deux. Le premier prototype fut terminé en 1959, en même temps que celui de la Mini. Mais l'armée de Sa Majesté ne semblait pas convaincue : la petite BMC militaire n'avait que deux roues motrices qui ne mesuraient que dix pouces de diamètre, en outre la garde au sol limitée ne permettait pas de les utiliser en tout-terrain. Issigonis persista et développa l'idée initiale pour construire une sorte de 4x4 en montant un deuxième moteur à l'arrière. Toujours sceptique, l'armée ne passa aucune commande. Malgré tout, la petite voiture commençait à plaire et l'entreprise décida finalement de la mettre en vente en tant que véhicule de loisir. Ce fut certes une décision risquée et avant-gardiste pour l'époque ; la mode des voitures tout-terrain n'avait pas

While he was designing the Mini, Alec Issigonis was also involved in an attempt to offer the British Army a small, basic, lightweight vehicle as an alternative to the Land-Rover. The idea was to exploit the mechanics of the Mini to produce an extremely compact open-top car that, with the windscreen down, would practically be flat, allowing the cars to be stacked with the wheels of the one above lying on the wheel arches of the one below. Low weight would allow them to be transported by helicopter or parachuted from planes in packs of two.
The first prototype was completed as soon as 1959, together with that of the Mini; however, Her Majesty's Army were far from convinced: the little military BMC had only two drive wheels, each 10 inches in diameter, and there was the problem of limited ground clearance, which hindered off-road use.
Issigonis continued to develop the initial idea and even got as far as building some 4x4 prototypes with a second rear-mounted engine. Still sceptical, the army failed to place a single order. Yet the car had grown to be both likeable and marketable and in the end the company decided to put it on sale as a leisure vehicle. Given the times, the decision was risky and adventurous: the fashion for off-road vehicles was years away and the 4x4

MORRIS mini-MOKE

Née dans le cadre d'une étude visant à mettre au point un véhicule militaire léger, la Mini Moke fut proposée au public en 1961 en tant que voiture de loisir. Cette décision osée fut couronnée de succès.

Originally conceived as a lightweight military runabout, the Mini Moke was offered to the public in 1961 as a leisure vehicle. This daring decision proved to be a resounding success.

encore émergé et les rares passionnés des années soixante se contentaient généralement des véhicules militaires. Pourtant, en janvier 1961, Longbridge lança la production de l'Austin « Mini Moke » qui fut suivie en mai par son homologue Morris.

Le public anglais put l'acquérir dès le mois d'août au prix de 405 livres sterling.

Même si elle n'atteignit pas des records de vente, la Mini Moke était appréciée et se fit une place parmi les autres Mini. BMC exploita rapidement son potentiel et en février 1966, la production d'un modèle 998 cm³ commença en Australie.

Cette petite Anglaise tout-terrain répondait à la perfection aux goûts et aux exigences de ses clients et devint très vite extrêmement populaire. En Grande-Bretagne, la production prit fin en octobre 1968, avec 14 518 voitures. Au même moment, en Australie, elle fut rebaptisée BMC Mini Moke et des roues de treize pouces furent proposées en option.

En avril 1969, fut introduite la Mini Moke MkII, équipée du moteur A-series de 1098 cm³, de roues de treize pouces de série, d'un empattement plus large et de toute une série d'améliorations au niveau de la mécanique et des finitions.

Surfant sur la vague du succès, elle fut rejointe

enthusiasts of the Sixties generally limited themselves to used military vehicles. Nevertheless, in January 1961 Longbridge started producing the Austin "Mini Moke", followed in May by its Morris counterpart.

It went on sale to the British public in August at a price of £405.

While not an outstanding sales success, the Mini Moke was liked and soon spawned its own niche market just as other Mini versions had done. BMC was quick to make the most of this potential and in February 1966 production of a version with a 998 cc engine began in Australia.

This small British off-road vehicle suited the wants and needs of its Down Under customers to a tee and soon became highly popular. In Great Britain, production was ended in October 1968 after a total of 14,518 cars had been built. At the same time, in Australia, it was renamed the BMC Mini Moke and a 13-inch wheel option was added.

April 1969 saw the introduction of the Mini Moke MkII, with the A-series 1098 cc engine, 13" wheels as standard, a wider wheelbase and a whole series of improvements to the mechanics and finish.

On a growing wave of success, it was flanked, in December 1971, by a "luxury" version that was better

en décembre 1971 par une version « de luxe », la Moke California, mieux équipée et dotée d'un moteur 1275 cm³. Malheureusement, l'adoption par les États-Unis de normes strictes en matière d'émissions en 1973 ne permit plus de l'exporter là-bas et BMC décida donc de mettre un terme à sa production.

En décembre 1974, la « Moke Utility » vit le jour. Il s'agissait d'une sorte de fourgonnette commerciale biplace, et en mai l'année suivante, le moteur de 1098 cm³ fut abandonné et remplacé par la version originale de 998 cm³. L'aventure américaine de la Mini Moke reprit en septembre 1977 avec l'apparition d'une nouvelle version Californian équipée d'un moteur de 998 cm³ avec système de contrôle des émissions. En novembre 1979, toute la gamme fut renouvelée : carrosserie entièrement zinguée afin d'éviter la corrosion, nombreuses améliorations mécaniques et esthétiques, nouveaux accessoires comme les ceintures de sécurité à enrouleur à inertie. La production s'acheva en novembre 1981 et totalisa 26 142 Moke.

Pendant ce temps, toutefois, British-Leyland avait commencé le montage de la Moke au Portugal avec des pièces CKD importées d'Australie. Avec de petites améliorations çà et là, la Mini tout-terrain continua à être fabriquée jusqu'en juin 1989 et la fin de l'activité fut

equipped and featured the 1275 cc engine, the Moke Californian. Unfortunately, adoption of strict emissions standards by the United States in 1973 meant it could no longer be exported there and BMC thus decided to discontinue its production.

In December 1974 the "Moke Utility", essentially a small-business runabout with a two-seater pick-up configuration, was added to the range while in May of the following year the 1098 cc engine was discontinued in favour of the original 998 cc version. American sales of the Mini Moke were rekindled in September 1977 when a new Californian with a 998 cc engine featuring emissions control was launched. In November 1979 the entire range was given another revamp: the bodywork was fully galvanized to prevent corrosion and there were numerous improvements both mechanical and aesthetic, as well as better accessories such as the introduction of inertial safety belts. Production ended in November 1981 after a total of 26,142 Mokes had been built.

In the meantime, however, British-Leyland had started assembling Mokes in Portugal with CKD parts imported from Australia and with small improvements here and there the off-road Mini continued to be built until July 1989: closure came with a limited edition of just 250 cars,

marquée par la fabrication d'une édition limitée de 250 exemplaires, la Moke 25, en l'honneur du 25e anniversaire de la Moke. Par la suite, les droits de production furent cédés au constructeur de deux-roues italien Cagiva, qui monta la ligne de production d'où sortirent, d'avril 1991 à la fin de l'année 1993, les dernières Moke. En tout, près de 10 000 Moke furent fabriquées en Europe.

the "Moke 25" (in celebration of its 25th anniversary). Subsequently, production rights were ceded to Italian motorcycle manufacturers Cagiva, who set up a production line that, from April 1991 to the end of 1993, made the last Mokes. In total, just under 10,000 Europe-made Mokes were built.

En dépit de ses petites roues et de sa garde au sol limitée, la Mini Moke s'en sortait plutôt bien hors route, grâce à sa légèreté.

Despite small wheels and limited ground clearance, low weight meant that the Mini Moke also performed quite well off-road.

1967

Mini MkII

Mini MkII

La Mini MkII - facile à reconnaître avec sa calandre inédite - fut présentée en 1967.

The Mini MkII – instantly recognisable by its reshaped radiator grill - was presented in 1967.

Après huit ans de succès croissant et de popularité exponentielle, la Mini fut soumise à sa première amélioration. Pour tout dire, Alec Issigonis avait, pendant ce temps, conçu une voiture totalement différente (connue en interne sous le sigle 9X) qui se caractérisait par sa forme carrée et son arrière tronqué. Heureusement, le projet ne vit jamais le jour et BMC décida simplement de moderniser la Mini classique. C'est ainsi que fut créée la MkII, comme l'appelaient les Anglais. Elle fut la nouveauté la plus intéressante du Motor Show de Londres en 1967. En réalité, les modifications étaient plutôt limitées, la plus significative étant l'apparition de la version Super de Luxe, également disponible avec un moteur 38 CV de 998 cm³, précédemment réservé à la Wolseley Hornet et à la Riley Elf. D'un point de vue esthétique, en revanche, le changement le plus notable était le nouveau design de la calandre avant, dont la partie supérieure était horizontale et non plus arquée. La forme des feux arrière avait, elle aussi, été revisitée et était désormais rectangulaire ; elle le resterait pendant les trente années consécutives. La vitre arrière était plus grande. Le volant fut également modifié : le diamètre de virage fut réduit de neuf mètres et demi à seulement huit mètres et demi. La gamme cependant

After eight years of staggering success and popularity, the Mini was given its first proper upgrade. Truth be told, Alec Issigonis had, in the meantime, designed a completely new car (known within the company as the 9X) with square-shaped styling and a truncated rear. Fortunately, the project never got off the ground and BMC simply decided it would be better to modernise the classic Mini, thus giving rise to the MkII. At the 1967 London Motor Show it was one of the biggest crowd-pullers. In truth, the modifications were rather limited in their extent, the most significant being the advent of the Super de Luxe version, also available with the 38 HP 998 cc engine that had previously been reserved for the Wolseley Hornet and Riley Elf. From an aesthetic viewpoint, instead, the most obvious change was the newly-designed radiator grill, the upper rim of which was now horizontal and no longer arched. The rear lights were also reshaped to form the rectangular style that would last the next thirty years. A larger rear window was also fitted. Modifications were also made to the steering, tightening the turning circle from nine and a half metres to just eight and a half. The vehicle range itself, instead, remained unchanged, with the standard, Cooper, Cooper S and family versions all being offered under both the Austin and Morris brand names.

resta inchangée, avec la version standard, Cooper, la Cooper S et les différentes familles, toutes proposées sous les marques Austin et Morris.

Au fil du temps, la Mini était devenue un véritable phénomène de mode, surtout chez les jeunes, et le premier rassemblement des propriétaires de la petite voiture eut lieu cette année-là à Brands Hatch. D'autres améliorations furent apportées en 1968 avec l'ajout de synchroniseur pour les quatre vitesses. C'est à cette époque-là que BMH unit ses forces à Leyland Motor, grand constructeur de camions et de bus (notamment du célèbre « double-decker » londonien), et ils fondèrent la British Leyland Corporation. La production de la Mini MkII fut la plus brève de l'histoire de la voiture britannique et ne dura que deux ans et demi. Un peu moins de 430 000 unités furent fabriquées. Lorsque la production fut transférée à l'usine de Cowley, la voiture fut à nouveau modernisée et devint la MkIII.

In the meantime the Mini had become something of a cult car, especially among the young, and that same year saw the first owners' rally at Brands Hatch. Further improvements were made in 1968 when the Mini was fitted with the synchronizer on all four gears. Meanwhile BMH joined forces with Leyland Motor, a major manufacturer of trucks and buses (including the famed double-decker), to form the British Leyland Corporation. Production of the Mini MkII proved short-lived, lasting just two and a half years and generating just under 430,000 cars. When output was shifted to the Cowley plant the car was upgraded further to become the MkIII.

Comme la série précédente, la Mini MkII fut commercialisée à la fois avec la marque Austin (ci-dessus) et la marque Morris (à gauche).

Like the preceding series, the Mini MkII was sold under both the Austin (above) and Morris (left) brand names.

1969

Mini MkIII

Mini MkIII

Avec la naissance de la British Leyland Motor Company, le groupe industriel anglais prit des proportions énormes et il devint urgent de réduire le nombre de marques qui cohabitaient désormais sous le même toit.

Par conséquent, en 1969, on décida d'arrêter la production de la Riley et de faire de Mini une marque en soi, mettant ainsi un terme à la double dénomination Morris-Austin. Parallèlement, la production de la petite voiture la plus aimée d'Angleterre fut transférée de Longbridge à Cowley où elle subit toute une série de modifications et d'améliorations – les plus significatives de son histoire – et naquit la MkIII. Les charnières externes des portes furent remplacées par un système dissimulé à l'intérieur des ailes, les fenêtres coulissantes remplacées par des vitres descendantes, bien plus pratiques, et le système de suspension hydraulique Hydrolastic fut abandonné. L'année 1969 fut marquée par deux événements majeurs liés à l'histoire de la Mini. Tout d'abord, Alec Issigonis fut nommé chevalier en reconnaissance des services rendus à l'industrie automobile britannique. Ensuite, le film culte « The Italian Job », dirigé par Peter Collison avec Michael Caine, sortit sur les écrans. Cette histoire de braquage très réussie qui se déroule à Turin, met en scène des Minis exécutant des acrobaties en tout genre et même un dérapage sur le toit incliné du Palazzo a Vela.

At the time of its creation the British Leyland Motor Company was an industrial group of gigantic proportions: there was a pressing need to reduce the number of brands now co-habiting under the same corporate roof. Consequently, in 1969 a decision was made to discontinue production of the Rileys and make the Mini a brand in itself, thus ending the duel Morris/Austin arrangement. At the same time production of Britain's best-loved small car was shifted from Longbridge to Cowley where it underwent a long series of modifications and improvements – the most substantial in its history – to give rise to the MkIII. Above all, the external door hinges were replace by a system hidden away in the wings, the sliding windows were replaced with the much more practical wind-down versions and, finally, the Hydrolastic suspension system was abandoned. Nineteen sixty-nine was also a landmark year for the Mini for two other reasons. Firstly, Alec Issigonis received a knighthood in recognition of his outstanding services to the British motor industry. Secondly, the cult film The Italian Job, directed by Peter Collison and starring Michael Caine, hit cinema screens. Set in Turin, this off-beat heist movie showed Minis performing four-wheeled acrobatics of every kind, even skidding along the sloping roof of Turin's Palazzo a Vela.

La production de Mini atteignit son maximum en 1971 avec un total de 317 000 véhicules franchissant les portes de l'usine. Cette année-là, la production de la Cooper s'arrêta et Issigonis prit sa retraite.

L'habitacle de la Mini MkIII fut encore amélioré en 1974 avec l'introduction de ceintures de sécurité à dérouleur à inertie pour toute la gamme et l'installation du chauffage sur la 850, auparavant en option.

La production de la MkIII se poursuivit jusqu'en 1976 ; la MkIV n'allait pas tarder à prendre sa place.

Mini output reached its peak in 1971, with a staggering 317,000 cars passing through the factory gates. That same year production of the Cooper come to an end and Issigonis took well-earned retirement.

Further improvements to the interior of the Mini MkIII were made in 1974 when inertial seat belts were introduced throughout the range and heating was installed on the 850, where it had previously been an optional.

Production of the MkIII continued until 1976: the MkIV would soon follow.

La Mini MkIII était le résultat d'une longue série de petites améliorations au niveau de la mécanique et de la carrosserie. Sa production débuta en 1969.

The Mini MkIII was the result of a long series of small improvements to both the mechanics and the bodywork. Production began in 1969.

1969

Mini Clubman

Mini Clubman

La 1275 GT était
la version sportive de la
nouvelle gamme Mini
Clubman. En à peine
deux ans, ses prestations
remarquables lui
permirent de supplanter
la légendaire Mini
Cooper, dont la
production fut ainsi
interrompue.

The 1275 GT was the
sports version of the
new Mini Clubman
range; in just two years
its outstanding
performance saw it
supplant the glorious
Mini Coopers, leading
to the end of their
production.

1969 marqua un tournant pour la Mini.
La naissance du groupe BLMC avait entraîné une réorganisation profonde de l'industrie automobile britannique et certaines marques disparurent définitivement pour laisser la place à d'autres. Ces changements coïncidaient avec le dixième anniversaire de la Mini, qui n'avait pas connu de grandes innovations depuis sa conception. Certes, la MkIII eut un certain succès mais n'était pas vraiment à la hauteur des attentes des clients en termes de renouvellement. Le problème principal était qu'en dépit de ventes plutôt bonnes, les profits restaient minces. Joe Edwards comprit que l'offre devait être rationalisée : le nombre de versions fut limité à l'essentiel et la double marque Austin-Morris définitivement abandonnée. En outre, il était temps de se rendre à l'évidence : les années soixante touchaient à leur fin et les besoins et exigences des clients allaient inévitablement évoluer lors de la décennie suivante. Ceci signifia la fin de la Wolseley Hornet et de la Riley Elf, qui allaient cependant devoir être remplacées par d'autres modèles haut de gamme. La conception de la nouvelle « Mini de luxe » fut confiée à Roy Haynes, qui avait rejoint l'équipe de BLMC peu après avoir signé le relooking de la Ford Cortina. Le styliste concentra ses efforts sur l'avant et l'arrière des voitures afin de leur donner

1969 was a ground-breaking year for the Mini.
The constitution of the BLMC Group brought much-needed and far-reaching reorganisation within the fragmentary British automobile industry, with some brands being consigned to history to favour others. These changes coincided with the tenth anniversary of the Mini, which had remained largely unchanged since its inception: the MkIII had been a success yet an incomplete one, as it had given customers only some the renewal they had been looking for. The main problem was that, despite healthy sales, profits continued to remain low. Joe Edwards recognized that the range needed rationalising so the number of versions was trimmed to the essential and the dual Austin/Morris branding was abandoned. Moreover, the time had come to wake up to the fact that the Sixties were almost over and that customers' needs and wants would inevitably change in the coming decade. These new policies also meant the end of the Wolseley Hornet and Riley Elf, which would, however, need replacing so that top-of-the-range models could still be offered. The task of designing the new "Luxury Mini" fell to Roy Haynes, who had joined BLMC shortly after restyling the Ford Cortina. He concentrated his design efforts on front and rear-end styling to give the vehicles a much more modern look and boost luggage capacity. In the end only the former

une allure autrement plus moderne et d'augmenter l'espace réservé aux bagages. Finalement, seule la première idée fut validée et la nouvelle « Mini Clubman », lancée en octobre 1969, était identique à la version classique mis à part le capot, désormais plus long et assorti d'une calandre horizontale comprenant les phares qui créait une sorte de lien de parenté avec l'Austin Maxi. Cependant, l'esthétique obtenue faisait penser à un compromis pas très heureux entre l'ancien et le moderne, sans parler de l'aérodynamique qui en avait également pâti. Les fans de Mini ont d'ailleurs toujours été divisés en deux clans : ceux qui trouvaient la Clubman horrible et ceux qui la considéraient comme une innovation de génie. En plus de la berline, la Mini Clubman Estate, censée remplacer les anciennes Countryman et Traveller était également disponible. D'un point de vue esthétique, le nouvel avant se mariait mieux avec la carrosserie plutôt familiale et les proportions de l'empattement allongé étaient plus équilibrées. D'autre part, afin de conserver un lien avec les versions précédentes, une bande boisée longeait les ailes de la voiture ; cette fantaisie était résolument démodée à l'époque mais elle ne fut remplacée qu'en 1976 par une simple bande colorée. L'habitacle fut également modifié avec un nouveau tableau de bord et un nouveau garnissage. Le moteur était

idea was accepted and the new "Mini Clubman", launched in October 1969, was the same as the classic version apart from a longer bonnet and a horizontal front panel that also included the headlights and created something of a family-feeling with the Austin Maxi. However, the resulting aesthetics were effectively a feeble compromise between old and new: the aerodynamics had suffered a setback too. Mini cognoscenti have always been divided between those who find the Clubman horrible and those who considerate it a masterstroke of innovative design. Alongside the saloon version there was also the Mini Clubman Estate, which replaced the preceding Countryman and Traveller. Aesthetically, the new nose was much more compatible with the family-style bodywork and was better suited to the long wheelbase; to maintain a link with preceding versions a strip of wood was incorporated along the flanks of the vehicle, a gimmick that was by then decidedly out of fashion. Nonetheless, it would not be replaced (with a simple coloured strip) until 1976. Modifications also involved the interior in the form of a new dashboard and new upholstery. The engine remained the classic 998 cc yet the Clubman 1275 GT had a 1.3-litre engine featuring just one carburettor from the BMC 1300. Thanks also to a new gearbox, its performance immediately outstripped that of the Mini

le modèle classique de 998 cm³. En revanche, la version Clubman 1275 GT était équipée du moteur 1,3 litre à un seul carburateur de la BMC 1300. Grâce à la nouvelle boîte de vitesses, ses prestations dépassèrent rapidement celles de la Mini Cooper 1275 S et au bout de deux ans à peine elle la supplanta et l'arrêt de la production fut inévitable.

L'évolution de la Mini Clubman ne comporta que quelques modifications : le levier de vitesse, « la baguette magique », fut abandonné en 1973, les roues de douze pouces firent leur apparition sur la 1275 GT en 1974 et la nouvelle grille avant en plastique noir fut ajoutée en 1976. La nouveauté la plus significative arriva en 1975 avec l'installation du nouveau moteur de 45 CV et 1098 cm³ sur la berline, tandis que les versions automatique et break conservèrent le 998.

La Mini Clubman avec carrosserie berline fut produite jusqu'en août 1980 avant d'être remplacée par l'Austin Metro, tandis que le break, rebaptisé 1000 HL, survécut jusqu'en 1982.

Cooper 1275 S and within just a couple of years the former had displaced the latter and inevitably precipitated the end of its production.

Few modifications were made to the Mini Clubman during its life: the "magic wand" gear stick was discontinued in 1973, the 12-inch wheels appeared on the 1275 GT in 1974 and the new black plastic front grill was added in 1976. The most significant change came in 1975 when the 45 HP 1098 cc engine was installed on the stick-shift saloon car: the automatic and Estate versions retained the 998.

The saloon-bodyworked Mini Clubman was produced until August 1980 before being replaced by the Austin Metro, while the Estate, renamed the 1000 HL, survived until 1982.

La gamme de la Mini Clubman comprenait également une version break, destinée à remplacer la Traveller et la Countryman. Une bande en bois fut ajoutée sur les ailes et à l'arrière pour évoquer le style des anciennes versions.

The Mini Clubman range also included an Estate version, the successor to the Traveller and Countryman. To evoke the style of the older wooden versions a strip was fitted along its sides and rear.

Le moteur de la Mini 1275 GT
développait 61 CV et montait à
140 km/h.

The Mini 1275 GT engine
produced 61 HP and a top speed
of 140 kph.

1976

Mini MkIV

Mini MkIV

La Mini MkIV fut commercialisée en 1976. Les modifications par rapport à la version précédente n'étaient pas très nombreuses mais une série de petites améliorations la rendirent plus moderne et plus confortable.

The Mini MkIV went on sale in 1976. While there were no major changes with respect to the MkIII, a series of small improvements succeeded in making it more modern and comfortable.

En 1976, British Leyland lança la Mini MkIV. Comme pour la MkIII, il ne s'agissait pas réellement d'un renouvellement profond mais plutôt d'une longue série de petits raffinements qui permirent à la petite voiture d'affronter vaillamment cinq années de plus. Furent ainsi ajoutés un dispositif anti-buée pour le pare-brise arrière, des pneus à carcasse radiale, des feux d'urgence clignotants ; le tableau de bord, les pédales et autres détails furent améliorés. L'année suivante, ce fut l'introduction des sièges inclinables et des feux de recul. Pendant ce temps, reprenant la pratique en vogue aux États-Unis de « l'année automobile », les constructeurs de toute l'Europe commencèrent à proposer des « séries spéciales » : des voitures en édition limitée dotées d'options uniques. Le phénomène ne laissa pas BLMC indifférent et la compagnie mit sur le marché en 1976 sa première série spéciale : la « 1000 Special ». Elle n'était proposée qu'en deux coloris : « racing green » ou « blanc glacé ». L'habitacle était en tissu orange vif, typique de la mode des années soixante-dix. Seules trois mille 1000 Specials - destinées au marché britannique - furent fabriquées, tandis que le modèle standard franchissait la barre des quatre millions.

En 1979, pour célébrer le vingtième anniversaire de la Mini, la deuxième série spéciale de la marque fut réalisée : la

In 1976 British Leyland launched the Mini MkIV. There was not, as had happened with the MkIII, any substantial renewal but, rather, a series of minor refinements that would sustain sales for a further half-decade. Hence the addition of the rear window demister, radial tyres, flashing hazard lights and improvements to the dashboard instruments, pedals and several other details. The following year also saw the introduction of reclining seats and a reversing light.

In the meantime, following the American practice of having a "year model", producers all over Europe had begun making "special series": limited-edition cars with unique content. Like other manufacturers, BLMC followed suit and in 1976 put its first such Mini on sale: the "1000 Special". Available in racing green or ice-white only, its interior was a garish creamy orange, typical of 1970s styling. Only three thousand 1000 Specials - aimed at the British market - were built, while the standard models had reached the 4 million mark.

In 1979, to celebrate the Mini's twentieth anniversary five thousand of a second special series, the 1100 Special, went into production. Simultaneously, the company began making an economic version - the Mini City - for young drivers; this vehicle also met the burgeoning demand for "second" cars, by then commonplace in families throughout Europe as a result of the fast-paced emancipation of women.

1100 Special, à cinq mille exemplaires.

À cette époque-là, l'entreprise lança la production d'une version économique, la Mini City, destinée aux jeunes et au marché en pleine expansion de la « deuxième voiture », qui gagnait les familles de l'Europe entière en conséquence de l'émancipation grandissante des femmes. La Mini City se caractérisait par des bandes adhésives, des pare-chocs et des calandres de couleur noire ; elle était initialement équipée du moteur de 848 cm^3, finalement remplacé en 1979 par celui de 998 cm^3, ce qui signifia d'ailleurs l'arrêt de la production du petit moteur. Le constructeur élabora un business-plan qui prévoyait la fin de la production de la Mini en 1982. En 1980, les versions Clubman furent abandonnées dans le cadre du fameux business-plan et remplacées par la nouvelle Austin Metro et la Mini HL qui offraient des finitions plus luxueuses que celles du modèle standard. Quand arriva le moment fatidique, le constructeur changea heureusement d'avis au dernier moment - sans doute guidé par le succès limité de la Metro - la Mini fut donc relancée avec la Mayfair, version améliorée de la HL.

La Mini MkIV fit son bonhomme de chemin jusqu'en 1984 et se prépara à céder sa place à une nouvelle série.

Distinctive features included adhesive stripes and black bumpers / radiator grill; before the year was out the original 848 cc engine has been upgraded to 998 cc and production of the smaller engine was discontinued. Meanwhile, the company had drawn up business plans that decreed production of the Mini would come to an end in 1982. In 1980 the Clubman versions were abandoned, being replaced by the new Austin Metro and Mini HL, which offered finishing touches more refined than those on the standard model. Yet when the time came to kill off the Mini there was, thankfully, a last-minute change of mind, probably due to the limited success of the Metro; so the Mini got a new lease of life with the Mayfair version, an upgraded replacement of the HL. The Mini MkIV thus made it to 1984, ready once again to metamorphose into a new series.

Au début des années quatre-vingt, British Leyland décida d'en finir avec la Mini en 1982 ; heureusement, le constructeur changea d'avis et l'utilitaire la plus célèbre d'Angleterre continua à être produite.

At the start of the 1980s British Leyland decided to terminate production of the Mini in 1982; fortunately, BL was forced to do a rethink and Great Britain's most famous economy car was given a reprieve.

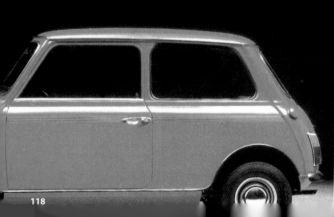

Page précédente : la Mini City de 1979, une version économique pensée
pour les jeunes.
Ci-dessus : par rapport à la Mini 850 (à gauche), la Mini 1000 (à droite)
avait un tableau de bord beaucoup plus complet.

Previous page: the 1979 Mini City: a low-cost version aimed
at the young.
Above: compared to the Mini 850 (left) the Mini 1000 (right) had
a more comprehensive instrument panel.

1984

Mini MkV

Mini MkV

La Mini MkV, née en 1984, appartenait indiscutablement à la génération des séries spéciales : il y en eut plus de vingt différentes en sept ans de production. Cette idée s'avéra être le moyen efficace d'attirer sans cesse l'attention sur cette voiture utilitaire inspirée et versatile qui se métamorphosait en objet de culte pour des milliers de passionnés du monde entier. La Mini n'était plus une automobile pratique et fiable, elle incarnait désormais un mode de vie, très British et très yuppie. Lorsqu'il fallut concevoir la MkV, la maison-mère - qui avait une fois de plus changé de nom pour devenir Austin Rover Group - s'attela à l'amélioration de la mécanique, sans toucher au charme de la voiture, en offrant plus de sécurité et de confort. Par exemple, les roues de douze pouces et les freins à disque avant furent adoptés dans toute la gamme, l'empattement fut élargi et des garnitures en plastique noir furent ajoutées aux jantes. Afin de fêter le 25e anniversaire de la Mini, l'édition limitée Mini 25 vit le jour à l'occasion d'une fête d'anniversaire grandiose organisée à Donington.

Outre quelques modifications mineures, comme l'élimination du cadran classique au centre du tableau de bord de la Mini City (la seule qui le conserva), une vague d'éditions limitées déferla : la Ritz en 1985, la Chelsea et la Piccadilly en 1986, l'Advantage et la Park-Lane

The Mini MkV, launched in 1984, was essentially a string of special editions – more than twenty in just seven years of production. It proved to be an effective way of keeping the spotlight on a car that was steadily metamorphosing from inspired, versatile economy car to cult object for thousands of enthusiasts the world over. No longer just a practical, efficient run-about, the Mini now embodied a way of life that was as British as it was cool.

When it came to designing the MkV the parent company - which had once again changed name to become the Austin Rover Group - focussed on improvements to the mechanics, the aim being to leave its charm intact while enhancing safety and comfort. For example, 12-inch wheels and front disc brakes were adopted throughout the range; moreover, the wheelbase was widened and black plastic trimming was added to the wheel arch rims. To celebrate the Mini's 25th anniversary the limited-edition Mini 25 was launched and a mammoth "birthday party" was held at Donington.

In addition to minor refinements, such as elimination of the classic dial in the middle of the dashboard on the Mini City (the only version still to retain it), a wave of limited editions followed: the Ritz in 1985, the Chelsea and the Piccadilly in 1986, the Advantage and Park-Lane in 1987, the Red Hot, the Jet Black and the Designer in 1988. Sadly, at the end of

La Red Hot et la Jet Black : deux des vingt éditions spéciales de la Mini MkV.

The Red Hot and Jet Black: just two of more than twenty special editions of the Mini MkV.

en 1987, la Red Hot, la Jet Black et la Designer en 1988. Tristement, à la fin de cette année-là, la Mini fut endeuillée par le décès de son inventeur : Sir Alexander Arnold Constantine Issigonis mourut le 2 octobre à l'âge de 81 ans, avec la satisfaction d'avoir assisté à la fabrication de plus de cinq millions d'exemplaires de son automobile préférée. L'évolution de la Mini ne s'arrêta pas là. En 1988, des appuie-tête, des servofreins et des ceintures pour banquette arrière furent ajoutés dans toute la gamme. D'autres éditions spéciales suivirent en 1989 : la Rose, la Sky, la Flame Red et la Racing Green – dont l'allure rappelait celle des vieilles Cooper – et, finalement, trois mille Mini 30 furent fabriquées en l'honneur des trois décennies de production et une magnifique fête se déroula à Silverstone qui rassembla des milliers de passionnés. Pour les clients les plus exigeants, une édition limitée Mini Turbo équipée d'un moteur de 93 CV fut produite. Elle était fabriquée par E.R.A., une compagnie qui avait, durant l'après-guerre, conçu des voitures de course puis avait ensuite concentré ses efforts sur les prototypes et les composants sportifs. En 1990, la Mini Check-Mate, la Studio 2 et, pour finir, mille exemplaires d'une série limitée virent le jour. La dernière s'appelait une fois encore Mini Cooper et était équipée d'un moteur de 1275 cm³.

that year, the man who had set the whole Mini phenomenon in motion passed away. Sir Alexander Arnold Constantine Issigonis died on 2nd October at the age of 81: by then more than five million examples of his wonderful invention had been built.
Yet even then the Mini continued to evolve. In 1988 headrests, servo-brakes and rear seat belts were adopted across the range. More special editions followed in 1989: the Rose, Sky, Flame Red and the Racing Green – the livery of which recalled the old Coopers – and, finally, three thousand Mini 30s to commemorate the stunning achievement of three decades of production, marked by a magnificent party at Silverstone that drew Mini buffs in their thousands. For the more demanding customer a limited edition Mini Turbo with a 93 HP engine was produced; this was made by E.R.A., a company that had, in the post-war period, designed racing cars and subsequently focussed its efforts on prototypes and sports components.
In 1990 came the Mini Check-Mate, Studio 2 and, finally, a limited edition (one thousand were built) of a new series, again named the Mini Cooper, with a 1275 cc engine.

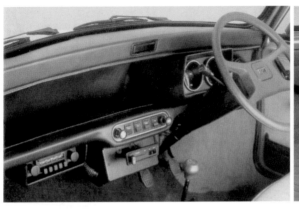

L'habitacle de la Mini MkV avait été entièrement renouvelé.

The interior of the Mini MkV was renewed completely.

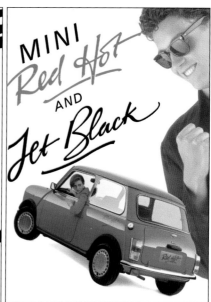

En plus de plusieurs éditions spéciales, la Mini MkV était également disponible dans la version classique Mayfair.

In addition to various special editions, the Mini MkV was also available in the classic Mayfair version.

1991

Mini MkVI

Mini MkVI

La Mini MkVI de 1991 était une évolution essentiellement dictée par la législation : il était en effet nécessaire d'adapter le véhicule aux nouvelles normes de sécurité et de contrôle des émissions en vigueur. De nombreuses améliorations furent apportées à la coque mais étaient pour la plupart dissimulées afin de ne pas altérer l'esthétique de la voiture, qui constituait le principal attrait pour la clientèle. Ainsi, il fut possible d'installer un nouveau moteur à injection électronique Single-Point et un pot catalytique. Quant aux séries spéciales, ce fut au tour de la Neon de faire son apparition, et surtout d'une édition très limitée de soixante-quinze Mini Cabriolet, construites pour Rover par le carrossier allemand Lamm. En 1992, la gamme fut réorganisée et offrait désormais trois modèles standard : la Sprite et la Mayfair, toutes deux équipées d'un moteur de 1275 cm³ catalysé de 50 CV, et la Cooper, avec son moteur 63 CV. Mais il y en eut d'autres : la British Open Classic, avec une capote en tissu à ouverture électrique, et l'Italian Job, qui évoquait le célèbre film de 1969 ; en 1993, on proposa aux clients la Rio et la Tahiti, et la Mini Cabriolet fit un come-back en tant que modèle standard, cette fois-ci avec un moteur Cooper.

En attendant, la situation financière du Rover Group était devenu insoutenable et British Aerospace, qui avait relayé le gouvernement britannique en 1988, décida de le

The Mini MkVI of 1991 was an evolution largely dictated by legislation as it had become necessary to adapt the vehicle to new safety and emissions standards. Numerous improvements were made to the body, most of which were, however, hidden away so as not to alter the styling, still the main attraction for most customers. It was thus possible to install a new engine with electronic single-point injection plus a catalytic converter on the exhaust. On the "specials" front there came the Neon and, above all, a very limited edition of just seventy-five Mini Cabriolets, made for Rover by the German body shop Lamm. In 1992 the range was reorganised to offer three standard models: the Sprite and the Mayfair, both with a 1275 cc catalyzed 50 HP engine, and the Cooper, with a 63 HP engine. More special editions followed, such as the British Open Classic, with an electrically-opened soft-top, and the Italian Job, which evoked the famed film of 1969; in 1993 customers were offered the Rio and Tahiti, while the Mini Cabriolet made a comeback as a normal production model, this time with the Cooper engine.

Meanwhile, the financial situation of the Rover Group had become unsustainable and British Aerospace, which had taken it on from the British government in 1988, decided to sell it to BMW. After taking over in 1994, the Munich-based

La Mini British Open Classic, série spéciale sophistiquée de 1992.   *A sophisticated special edition of 1992: the Mini British Open Classic.*

La Mini Cabriolet, produite pour la première fois en 1992.   *The Mini Cabriolet, first produced in 1993.*

vendre à BMW. Après son acquisition en 1994, le constructeur munichois décida d'entamer une restructuration en profondeur et, entre autres, de remplacer la Mini existante par un modèle plus moderne. Cependant, le projet allait prendre du temps BMW se rendit donc à l'évidence et choisit de continuer à produire la Mini aussi longtemps qu'il le faudrait, sans adopter de stratégie particulière malgré la chute des ventes. Trois nouvelles éditions spéciales commémoratives furent même produites : un millier de Mini Cooper Monte-Carlo pour célébrer le trentième anniversaire de la première victoire au Rallye, deux cents Mini 35s et trente-cinq Mini Cooper Grand-Prix en l'honneur des trente-cinq années de production. À cette occasion, une nouvelle fête gigantesque fut organisée à Silverstone, attirant plus de 120 000 passionnés de Mini. En 1995, une autre série spéciale, la Sidewalk, sortit de la chaîne de production. Pendant ce temps, en guise de consécration pour sa carrière inégalable, la Mini se vit décerner le prix de la « Voiture du siècle » par la revue britannique Autocar.

manufacturer immediately went ahead with in-depth restructuring that, among other things, included replacing the existing Mini with a more modern model. Nevertheless, it was evident that the project would take some time to complete BMW so decided to continue producing the Mini for as long as it deemed necessary, without any particular change in strategy despite falling sales. They even went ahead with three commemorative special editions: one thousand Mini Cooper Monte Carlo models to celebrate the thirtieth anniversary of the first rally victory, two hundred Mini 35s and a mere thirty five Mini Cooper Grand-Prixs to celebrate thirty-five years of production. On that occasion a new mega-party was held at Silverstone, drawing more than 120,000 Mini buffs. In 1995 another special, the Sidewalk, came off the production line. Meanwhile, the Mini, in recognition of its unparalleled success, won Autocar magazine's coveted "Car of the Century" award.

*L'habitacle de la Mini
Cabriolet, construite par
le carrossier allemand
Lamm, était très
luxueux, avec des sièges
en cuir et un tableau
de bord en bois de rose.*

*The interior of the
Mini Cabriolet, made
by German coachbuilder
Lamm, featured
luxuries such as leather
upholstery and walnut
panelling.*

En 1992, une autre édition spéciale, baptisée Italian Job, fut créée en hommage au film de 1969 dont le personnage principal était la Mini elle-même (à gauche).

In 1992 another special edition, the Italian Job, was made in tribute to the famous same-named 1969 film in which the real star was the Mini itself (left)

1996

Mini MkVII

Mini MkVII

En 1999, la Mini célébra son quarantième anniversaire lors d'une fête grandiose à Silverstone. La production s'arrêta un an après.

In 1999 the Mini celebrated its fortieth birthday with a massiv party at Silverstone. Production would end one year later.

Comme la MkVI, la Mini MkVII fut créée dans un souci de conformité avec les exigences techniques et de sécurité. Conservant son style désormais indémodable, elle fut significativement améliorée grâce à un système d'injection Dual-Point, un airbag pour le conducteur, des arceaux de sécurité au niveau des portières, des ceintures de sécurité plus efficaces, un radiateur monté à l'avant et un nouveau rapport de pont. Deux éditions spéciales firent leur apparition en 1996 : la Cooper 35, pour célébrer trente-cinq années de voitures de sport, et l'Equinox.

En 1997, la gamme fut encore une fois réorganisée et la Mini Classic fut proposée comme version standard et la Mini Cooper comme version sport. Afin d'entériner son rôle incontesté d'icône de la mode, on mit à la disposition des clients deux kits de personnalisation : ceux qui aimaient son esprit vintage pouvaient opter pour le « retro-pack » avec des adhésifs pour un toit à damier et des bandes latérales plus des poignées chromées, une calandre et des pare-chocs dans le plus pur style des années soixante ; quant à ceux qui préféraient un look plus sportif, le « sports-pack » était disponible avec quatre phares supplémentaires évoquant les Mini du rallye de Monte-Carlo.

Les séries limitées récidivèrent l'année suivante avec la Paul Smith et la Cooper Sport, préparant le grand

Like the MkVI, the Mini MkVII was developed to comply with technical and safety requirements. Retaining its by-now timeless styling, significant improvements were made in the form of Dual-Point injection systems, driver air-bag, side-door crash bars, more effective seat belts, a front mounted radiator and a new rear-axis ratio. Two special editions appeared in 1996: the Cooper 35, to celebrate 35 years of sports models, and the Equinox.

In 1997 the range was again reorganized with the Mini Classic being offered as the standard version and the Mini Cooper as the sports version. To enhance its undisputed role as a fashion icon, customers were also provided with two custom kits: for those with more vintage tastes there was the "retro-pack" with adhesive chequered roof and side strips plus chrome-plated handles, radiator grill and bumpers in pure 1960s style. For those with a racier outlook there was the "sports-pack", its four extra headlights evoking the Minis that had won the Monte Carlo rally.

In the run up to the 40th anniversary more limited editions appeared the following year, the Paul Smith and Cooper Sport: the anniversary itself was again celebrated with a massive rally at Silverstone and two more special editions, the Mini 40 and the Mini John Cooper.

In 2000 BMW sold Rover to the Phoenix consortium, but

événement du quarantième anniversaire de la Mini qui fut encore une fois célébré par un énorme rallye à Silverstone et deux éditions spéciales de plus : la Mini 40 et la Mini John Cooper.

En l'an 2000, BMW vendit Rover au consortium Phoenix, mais conserva tous ses droits sur la marque Mini afin de pouvoir, enfin, après des années de gestation, présenter son héritière.

En guise de bouquet final, mettant fin à une aventure unique dans l'histoire de l'automobile, la Mini Cooper Sport 500 fut produite à cinq cent exemplaires. La dernière Mini, avec le numéro de châssis 5 387 862, franchit les portes de l'usine de Longbridge le 4 octobre 2000.

L'habitacle de la Mini MkVII était celui d'une voiture moderne : plus rien à voir avec l'original des années soixante.

Inside the Mini MkVII: a modern car, a far cry from the original of the 1960s.

retained all rights over the Mini brand so that it could finally -
after a lengthy development period – launch an heir.
As a grand final, ending more than 40 years of unbelievable
success that is almost unique within the automobile
industry, a limited edition of five hundred Mini Cooper Sport
500s were made. .

2000

Mini One

Mini One

Immédiatement après avoir repris le groupe Rover, BMW commença à se pencher sur la question de la meilleure solution de remplacement de la Mini : en dépit de son statut d'objet culte, elle n'était plus en mesure de satisfaire aux nouvelles normes en matière d'émission et, surtout, aux normes de sécurité. Par exemple, il était techniquement impossible de l'équiper d'un airbag passager. Personne, que ce soit à Munich ou à Longbridge, ne sous-estima les difficultés inhérentes à un tel projet, et Bernd Pischetsrieder, le directeur général de BMW, en était lui aussi parfaitement conscient car en plus d'être un passionné de voitures anglaises, il était, pure coïncidence, le neveu d'Issigonis. Deux grands noms de la saga Mini furent rappelés sur le devant de la scène pour participer à la conception mécanique : John Cooper et Alex Moulton. L'allure de la nouvelle voiture, en revanche, fut créée de concert par le centre de style de MG-Rover et ceux de BMW, situés en Allemagne et en Californie. Comme on pouvait l'imaginer, la gestation s'avéra des plus compliquées, avec des obstacles perpétuels liés non seulement aux querelles de clocher mais aussi aux difficultés objectives de proposer une version moderne du concept de la Mini. Finalement, les propositions avancées par l'Américain Frank Stephenson, l'emportèrent : la nouvelle Mini devrait être moderne et rationnelle

As soon as it took over the Rover Group, BMW began examining the question of how best to go about replacing the Mini: despite its cult status it was no longer able to comply with new emissions and - more importantly - safety regulations. For example, equipping it with a passenger airbag would have been technically impossible. No-one, either in Munich or Longbridge, underestimated the inherent difficulties of the project nor its importance: the Director General of BMW, Bernd Pischetsrieder, was as aware of this as anyone as he was a keen fan of British cars and was, coincidentally, also one of Issigonis's nephews. Two big names from the original Mini saga were brought in to help with mechanical design: John Cooper and Alex Moulton. The look of the new vehicle, instead, was jointly developed by the MG-Rover styling centre and BMW's own styling centres in Germany and California. Rather predictably, its gestation was a tormented one, with obstacles being generated both by parochial squabbles and the objective difficulties of offering a more modern version of the Mini concept. In the end, the proposals put forward by the American, Frank Stephenson, carried the day; the winning concept was that the new Mini should be a modern and rational car, with slightly vintage styling that would call to mind its predecessor. In practice, this meant designing a car both

La Mini One, l'héritière de la vieille Mini. Lancée avec un toit rigide en 2000, puis en version cabriolet en 2005.

The Mini One, the heir of the old Mini. Launched as a hard-top version in 2000, a convertible followed in 2005.

156

au style légèrement rétro qui évoquerait son aïeule. En pratique, cela revenait à créer une voiture plus grande, moins compacte que la Mini originale mais esthétiquement réussie.

Le prototype fut présenté au Salon automobile de Francfort en septembre 1997 mais, même si son allure était définitive, il faudrait attendre encore quatre ans avant qu'elle ne soit produite en série. Le public, qui l'accueillit avec grand enthousiasme, devrait attendre jusqu'en l'an 2000. Pendant ce temps, BMW revendit le groupe MG-Rover au consortium Phoenix, mais conserva l'intégralité de ses droits sur la marque « Mini » et l'usine de Cowley (rebaptisée à l'occasion « BMW-Oxford ») où la nouvelle voiture allait être produite. La présentation au grand public et à la presse spécialisée eut lieu à Paris, lors du Mondial de l'automobile, le 28 septembre 2000. Le nom choisi pour la voiture fut Mini One. « Ce n'est pas », déclara Stephenson, « une voiture rétro, mais une évolution de l'originale. Elle a les mêmes gènes et a de nombreux points communs avec son aînée, mais elle est plus grande, plus puissante, plus vigoureuse et plus exaltante ! » À cette époque-là, le style vintage faisait des ravages, et des marques comme Lancia et Alfa-Romeo reprenaient certains éléments de leurs modèles d'antan tandis que d'autres réinventaient leurs classiques. Chrysler, par

larger and less compact than the original Mini but with, nevertheless, decidedly attractive styling.

The prototype was presented at the Frankfurt Car Show in September 1997, yet despite the fact that the styling was by then definitive, it would be another four years before the car went into mass production. Members of the public who had welcomed it with open arms would have to wait until 2000. In the meantime BMW resold the MG-Rover Group to the Phoenix Consortium, yet retained full rights over the "Mini" brand and the Cowley plant (re-named "BMW-Oxford") where it intended to make the new car. On 28th September 2000 the car was presented to both public and the specialist press at the Mondiale de l'Automobile in Paris. The chosen name for the car was the MINI One. "It is not", commented Stephenson, "a retro style car but an evolution of the original. It has the same genes and many of the characteristics of its forerunner, but it's bigger, more powerful, beefier and more exhilarating!" At the time retro-styling had become all the rage, with some makers such as Lancia and Alfa-Romeo bringing back features from their models of yesteryear and others reinventing their classics. For example, Chrysler developed the PT-Cruiser while Volkswagen put an icon back on the market in the form of the New Beatle. Given this market trend, BMW's strategy was a winner. It was, iconic

exemple, sortit la PT-Cruiser tandis que Volkswagen remit la mythique Coccinelle sur le marché avec la New Beetle. Compte tenu de cette tendance du marché, BMW avait donné dans le mille. La Mini était, indépendamment de son charme culte, une excellente voiture : le succès était garanti. En à peine cinq ans, plus de 700 000 exemplaires ont été construits. La BMW proposa la version « One » avec un moteur Tritex 1,6 l de 90 CV, produit en collaboration avec Chrysler au Brésil, et une version « Cooper » de 116 CV. Pour les clients les plus exigeants, la « Cooper S » fut lancée l'année suivante, équipée d'un moteur turbo de 163 CV qui garantissaient des prestations remarquables. Plus tard, la version « One D », dotée d'un moteur diesel Toyota de 1,4 l, fut introduite. Depuis 2005, toutes les versions de la MINI sont disponibles en décapotable. Aujourd'hui, une deuxième série est sur le point de voir le jour et de redonner vie à la vieille Traveller. Tout le reste est très récent, comme l'introduction d'une nouvelle série destinée à faire revivre encore le mythe impérissable de la Mini.

charm aside, an excellent car: yet with that charm, the MINI was a guaranteed success. In just five years over 700,000 have been built. BMW offered the "One" version with a 90 HP Tritex 1.6 l engine, produced jointly with Chrysler in Brazil, and a 116 HP "Cooper" version. For the more demanding customer the following year saw the launch of the "Cooper S" with a 163 HP turbo engine, which provided dazzling performance. Subsequently the "One D" version, with a Toyota 1.4 diesel engine, was introduced. Since 2005 all versions of the MINI have been available as convertibles. A second series is now on its way and there are also plans to revive the old Traveller. All the rest is recent history, as recent is the introduction of a new production model which is once more reviving the everlasting myth of Mini.

Mini mondiale

Mini worldwide

Chez BMC, il ne fallut pas attendre longtemps avant
de se rendre compte que la Mini jouissait d'un énorme
potentiel à l'exportation. Il fallut moins de temps encore
pour réaliser que la localisation des sites de production
à l'étranger pouvait être une solution plus avantageuse
d'un point de vue sociopolitique et afin d'éviter les coûts
de transport. Pendant les années qui suivirent le lancement
de la production de la Mini en Grande-Bretagne,
de nombreuses initiatives furent développées aux quatre
coins du monde et méritent d'être mentionnées,
quand bien même brièvement.
Pour BMC, cette approche internationale, n'était pas une
nouveauté ; l'entreprise disposait déjà d'un réseau de
distribution très étendu et de plusieurs filiales étrangères
mais, avec la Mini, la vision globale enfla. Une des premières
étapes fut le début de la production à l'usine de Zetland,
à quelques kilomètres à peine de Sydney, au sud de
l'Australie, en 1950. Le premier prototype de la Mini fut
assemblé en 1960 et la production débuta en mars 1961 :
un seul modèle, la Morris 850, fut proposé. La gamme
australienne s'agrandit en octobre 1962 avec la Cooper.
La Cooper S, qui arriva sur le marché l'année suivante, fut
initialement importée d'Angleterre en petite quantité et sa
production en Australie ne commença qu'en 1965. La Mini
Van fut fabriquée en Australie à partir de 1965, la Mini Moke

It wasn't long before top brass at BMC realised that the Mini also had enormous export potential. It took them even less time to realise that localising production plants abroad might be an even more profitable path as it was often convenient from a social-political viewpoint and avoided transport costs. In the years following the launch of Mini production in the Great Britain numerous projects came into being all over the world - and they deserve a mention, albeit a brief one, here.

BMC certainly weren't new to this global approach as they already had a far-reaching distribution network and various overseas subsidiaries: yet with the Mini this way of doing business ballooned. One of the first steps in this direction was taken in 1950 when production began at the Zetland factory, just a few kilometres outside Sydney in South Australia. The first Mini prototype was assembled in 1960 and in March 1961 production began: just one version, the Morris 850, was offered. In October 1962 the Australian expanded to include the Cooper; the Cooper S, which came on the market the following year, was initially imported in limited numbers from Great Britain and its production in Australia would not begin until 1965. Australia also produced the Mini Van from 1965 onwards, the Mini Moke from 1966 and the Clubman from 1971.

à partir de 1966 et la Clubman à partir de 1971.
La production s'acheva en 1978.
Une stratégie similaire fut adoptée en Afrique du Sud, où le gouvernement encourageait l'implantation de nouvelles usines. La Mini fut fabriquée à l'usine de Blackhearth, dans la région du Cap, dès le début de l'année 1960. Les versions étaient quasiment les mêmes que celles disponibles sur le marché britannique et seule la Cooper S 1275 était assemblée à partir de composants importés, tandis que les autres étaient intégralement fabriquées sur place. Cependant, en 1966 tous les moteurs furent remplacés par un modèle de 1000 cm³ de fabrication locale. En 1967, la production de la Wolseley 1000 fut lancée : cette voiture hybride avait l'avant de la Hornet monté sur la carrosserie de la Mini. Curieusement, en 1969, les ingénieurs d'Afrique du Sud retournèrent le concept pour créer la Mini MkIII, qui conservait l'avant de la Mini mais dont l'arrière était allongé à l'image de la Wolseley anglaise. D'un point de vue esthétique, ce modèle laissait franchement à désirer et en 1971, il fut remplacé par la nouvelle gamme Clubman. Autre version très particulière - exclusivement destinée au marché sud-africain - fut la Mini Convertible de 1982. Il s'agissait d'un cabriolet basé sur la Clubman qui reproduisait fidèlement la voiture que le Prince Charles avait offerte à Diana pour son anniversaire. La production de sa

Production was discontinued in 1978.
A similar strategy was applied in South Africa, where the government promoted the establishment of new factories. The Mini was manufactured at the Blackhearth plant, in the Cape area, as early as 1960. The versions were practically the same as those on offer to the British market: the Cooper S 1275 was assembled using imported components, while the others were fully made in situ. However, in 1966 all engines were replaced with a locally-made 1000 cc version. In 1967 production of the Wolseley 1000 began: this peculiar hybrid featured the nose of the Hornet on a normal Mini body. Just as oddly, in 1969 South African engineers turned the same concept on its head to create the Mini 1000 MkIII, which retained the front section but was lengthened using the rear section of the British Wolseley. Aesthetically, it left a lot to be desired and in 1971 it was ditched to make way for the new Clubman range. Another inimitable version - made purely for the South African market - was the Mini Convertible of 1982. This Clubman-based car - produced by the Carvalette bodywork plant of Johannesburg - was a faithful copy of the one Prince Charles had given to Lady Diana for her birthday. South Africa's Mini-making days came to a close in October 1983.

carrosserie fut confiée à l'usine de Johannesburg. L'aventure sud-africaine de la Mini toucha à sa fin en octobre 1983. Le programme de localisation de BMC concernait naturellement l'Italie, où le groupe anglais entretenait des relations privilégiées avec l'entreprise milanaise Innocenti. Après avoir remporté un franc succès avec ses échafaudages tubulaires et son célèbre scooter Lambretta, Innocenti avait, en 1960, commencé à produire sous licence l'Austin A40, qui fut rapidement suivie par la 950 Spider, conçue par Ghia dans l'esprit de l'Austin-Healey Sprite, puis l'IM3, dérivée de la Morris 1100. En 1965, la décision de construire la Mini à Lambrate fut prise, le but étant de la commercialiser non seulement en Europe, mais aussi sur d'autres marchés européens et au Japon, conjointement aux versions originales britanniques. Le développement de la Mini italienne fut tel que, pour satisfaire la demande, sa production s'engagea également à Seneffe en Belgique. Au début, les modèles ressemblaient à leurs cousins anglais : la Mini Minor en tant que berline, la Mini T en tant que break et la Mini Cooper en tant que sportive. Lorsque la Clubman fit son apparition, cependant, Innocenti prit une autre voie ; ils poursuivirent la production de la Cooper et lancèrent la Mini 1001 de luxe, qui avait la même carrosserie mais un habitacle et des finitions plus raffinés. À la mort de Ferdinando Innocenti en 1972, l'entreprise fut reprise

BMC's localisation policies naturally involved Italy, where the British group enjoyed profitable relations with Milan-based Innocenti. Following the success of its modular scaffolding pipes and renowned Lambretta scooter, it had, in 1960, started producing the Austin A40 under license: the A40 was followed by the 950 Spider, designed by Ghia in the image of the Austin-Healey Sprite, and the IM3, a derivative of the Morris 1100. In 1965 the decision to start producing the Mini at Lambrate was taken, the aim being to market it in Italy and numerous other European markets as well as Japan, together with the original British versions. Development of the Italian Mini was such that, to keep up with demand, it was later made at Seneffe in Belgium too. The models initially resembled their British counterparts, with the Mini Minor as saloon car, the Mini T as estate car and the Mini Cooper as the sports version. When the Clubman appeared, though, Innocenti took a different path; it continued making the Coopers and launched the luxury Mini 1001, which had the same bodywork but more refined interiors and finishing. Following the death of Ferdinando Innocenti in 1972 the company was taken over by British-Leyland, yet the financial crisis of the latter led, in 1975, to Argentine tycoon Alejandro De Tomaso taking it on. This meant the end of Mini production in Italy, in its

Protea aristata   **Dick Findlay**

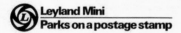
Leyland Mini
Parks on a postage stamp

par British-Leyland, mais en raison de la crise financière de cette époque, elle fut cédée, en 1975, au magnat argentin Alejandro De Tomaso. Ceci signifia la fin de la production de la Mini en Italie, dans sa forme originelle tout du moins, car Innocenti avait eu le courage de faire ce que les Anglais n'avaient pas osé faire : une nouvelle Mini. Une voiture aux lignes tendues et carrées fut construite sur le châssis d'origine, réinterprétant ainsi le concept initial en l'adaptant aux nouvelles tendances des années 1970. Le style portait la signature de Bertone, le moteur était le modèle habituel A-Series de 1 l pour la Mini 90L, et le modèle 1275 pour la Mini 120L. Innocenti fut cédé au Groupe Fiat en 1990. La production de la nouvelle Mini, équipée à partir de 1982 de moteurs Daihatsu de deux ou trois cylindres, s'arrêta en 1993.

La Mini fut fabriquée en Afrique du Sud de 1960 à 1983. Outre la version standard et la Clubman, on trouvait également la Wolseley 1000, hybride étrange avec l'avant de la Hornet.
L'Australie, en revanche, produisit à la fois la Mini (à droite) et la Moke.

The Mini was made in South Africa from 1960 to 1983. In addition to the standard version and Clubman, there was the Wolseley 1000, an odd hybrid with the frontal styling of the Hornet.
Australia, instead, produced both the Mini (right) and the Moke.

original form at least because Innocenti had, meanwhile, found the courage to do what the British hadn't: make a new Mini. A car with taut, square lines was built on the original chassis, thus re-interpreting the initial concept and adapting it to the tastes of the 1970s. Styling carried the Bertone signature, while the engine was the usual 1-litre A-Series, for the Mini 90L, or the 1275, for the Mini 120L. Innocenti was ceded to the Fiat Group in 1990. Production of this new square-set Mini, which from 1982 mounted 2 or 3-cylinder Daihatsu engines, ended in 1993.

BMC's decision to open a factory in Pamplona, Spain, was dictated by an altogether different logic, the same logic that was driving other manufacturers to set up production there: under the nationalist government of generalissimo Franco, imported cars were subject to a massive 100% tax levy, so producing cars within Spain itself remained the only viable way of selling cars to Spaniards. Fiat had been doing this since the early 1950s and had, for this reason, founded Seat, which ended up dominating the market with its 600. BMC arrived in Spain in 1965 and, together with a local partner, set up Authi (Automoviles de Turismo Hispano Ingleses). Production of the Mini got under way in 1968 with the 1275 C, followed in 1969 by the classic Mini 1000. In 1970 came the Mini 850 and in 1971 the 1275 GT

La Mini fût également produite en Amérique Latine. Au Chili de 1964 à 1974, et au Venezuela de 1991 à 1993. Dans les deux cas la carrosserie était en vibre de verre.

Minis were also made in South America, in Chile from 1964 to 1974 and in Venezuela from 1991 to 1993. In both cases bodywork was made of fibreglass.

Les motivations qui conduisirent BMC à ouvrir une usine à Pampelune, en Espagne, suivaient une toute autre logique ; la logique qui avait poussé un grand nombre de constructeurs à installer leur production là-bas : sous le gouvernement nationaliste du général Franco, les voitures importées étaient sujettes à une lourde taxe de 100 %. La production sur place était donc la seule solution viable pour vendre des voitures en Espagne. Fiat avait adopté cette solution depuis le début des années cinquante et avait, pour cette raison, fondé Seat, qui finit par dominer le marché avec la 600. BMC arriva en Espagne en 1965 et, en collaboration avec un partenaire local, constitua Authi (Automoviles de Turismo Hispano Ingleses). La production Mini s'amorça en 1968 avec la 1275 C, suivie en 1969 par la Mini 1000 classique. La Mini 850 arriva en 1970 et la 1275 GT et la Mini Van en 1971. La Mini Cooper ne fut fabriquée en Espagne qu'à partir de 1974, mais on entrevoyait d'ores et déjà la fin des activités. British-Leyland traversait alors une grave crise économique et envisageait de tout vendre. Mais le sort en décida autrement et à la fin de l'année, un terrible incendie ravagea l'usine. Ce qu'il restait du groupe fut repris par Seat et, quelques années plus tard, naquit la Fiat Panda.

Le phénomène n'épargna pas l'Amérique du Sud. BMC y avait conclu de nombreux contrats de licence pour

and Mini Van. The Mini Cooper wouldn't be manufactured in Spain until 1974, but by then operations were already drawing to a close. British-Leyland was in deep financial trouble and plans to sell off everything were drawn up. As it turned out, those plans were never needed because at the end of the year the factory was destroyed in a massive blaze. What remained was taken on by Seat: years later, the factory would produce the first Fiat Panda. Even South America was caught up in the global Mini

la construction ou le montage, principalement au Chili.
La première Mini fut fabriquée en 1964 par la société EMSSA d'Arica. Les pièces étaient en grande partie importées de Grande-Bretagne mais il fallait toutefois respecter les réglementations imposées par le gouvernement chilien qui exigeait qu'au moins 25 % soit de fabrication locale. Lorsque ce pourcentage passa à 52,94 % en 1968, puis à 70,22 % en 1971, le problème devint insurmontable. C'est alors qu'une solution ingénieuse fut trouvée : compte tenu du coût extrêmement élevé de l'élaboration de moules pour les tôles de la coque et étant donné qu'il était impossible de l'importer, elle serait fabriquée en fibre de verre ! Les investissements seraient de la sorte réduits et la technique adaptée au petit nombre de véhicules construits. Cependant, la production prit fin en 1974, à l'arrivée au pouvoir du dictateur Augusto Pinochet, qui libéralisa les importations et élimina la nécessité de production in situ. Vingt ans plus tard, in 1991, la même solution fut utilisée pour la Mini Cord, fabriquée par la société FACORCA (FÁbrica CORdillera de CArrocerías) de Mariara, au Venezuela : la version berline et la cabriolet avaient toutes deux des coques en fibre de verre.

manufacturing phenomena. BMC had granted numerous licenses for construction or assembly on the continent, mainly in Chile.
The first Mini was made in 1964 by EMSSA of Arica. Most but not all of the parts were shipped from Great Britain as Chilean government regulations stated that at least 25% of them had to be made locally. When this percentage jumped to 52.94% in 1968 and to 70.22% in 1971 the problem looked insurmountable. In the end, an ingenious solution was found: since the cost of making new body panel moulds would have been enormous and since they could no longer be imported, the body was made out of… fibreglass! This meant decidedly lower investment and the technique was well suited to the relatively small quantities of vehicles being made. However, production ended in 1974 when Chile's newly arrived dictator, Augusto Pinochet, liberalised imports, making in loco production a waste of time.
Twenty years later, in 1991, the same solution was employed on the Mini Cord, made by FACORCA (FÁbrica CORdillera de CArrocerías) of Mariara, Venezuela: both a saloon car and convertible were made, both with fibreglass bodies.

C'est Innocenti qui commença à fabriquer la Mini en Italie en 1965,
proposant la version standard et Cooper plus un break baptisé Mini T.

Innocenti began making the Mini in Italy in 1965, offering the standard
and Cooper versions plus an estate car called the Mini T.

La course

Racing

Légère, agile et rapide, la Mini attira tout naturellement l'attention des techniciens et des pilotes de course de la catégorie des petites cylindrées. Par ailleurs, ses atouts firent d'elle une candidate à la victoire, dans une catégorie qui, à l'époque, gagnait en popularité : le rallye. Dès 1960, quatre équipes montèrent à bord de la Mini 850 pour participer au rallye de Monte-Carlo, mais les résultats n'étaient pas très prometteurs. Le succès, n'était cependant pas très loin et les tribulations des Mini de série cédèrent leur place au triomphe des Cooper.

En 1961, John Whitmore devint le champion anglais de la catégorie Tourisme (jusqu'à 1000 cm^3) avec une petite Mini 850 mais, l'année suivante, ce sont les victoires des Mini Cooper en rallye qui enflammèrent les fans. Pat Moss, après des débuts houleux à Monte Carlo, arriva premier absolu en Hollande et en Allemagne, et troisième en Suisse. Lors de la course du Royal Automobile Club, en revanche, un jeune Finlandais dont le nom serait à jamais associé au succès sportif de la Mini allait s'imposer : Rauno Aaltonen. En 1963, il s'empara de la victoire de sa catégorie au Rallye de Monte Carlo avec une excellente troisième place absolue. Pendant sa carrière, il concourut quarante et une fois en Mini, obtenant huit victoires absolues, quatorze victoires dans sa catégorie et fut couronné champion d'Europe des rallyes en 1965.

Light, nimble and nippy, the Mini immediately attracted the attention of technicians and drivers in racing categories set aside for smaller-cylindered vehicles. Moreover, its characteristics immediately made it a likely candidate for victory in a category that was, at the time, steadily growing in popularity – rallying. As early as 1960 four teams entered the Monte Carlo rally with the Mini 850. Initially, results were not promising. Success, however, was not far off and the tribulations of the standard Minis soon gave way to the triumph of the Coopers.

In 1961 John Whitmore had became British Tourist champion in the up-to-1000 cc class with a tiny Mini 850, yet it was the following year's rallying success of the Mini Cooper that really fired the fans. Pat Moss, following a difficult debut in Monte Carlo, went on to beat everyone in Holland and Germany and came third in Switzerland. At the Royal Automobile Club race, instead, there came to the fore a young Finn, whose name would forever be associated with the sporting success of the Mini: Rauno Aaltonen. In 1963 he won his category at the Monte Carlo rally by taking a stunning third place overall. During his career he raced the Mini 41 times, achieving 8 overall victories, 14 class victories and winning the European rally Championship of 1965.

La victoire la plus importante fut conquise à Monte-Carlo en 1964 par un Anglais, Paddy Hopkirk. Un autre Finlandais, Timo Makinen, renouvela l'exploit en 1965, tandis que l'édition de 1966 offrit l'une des décisions les plus controversées jamais prise par des juges de course : trois Mini arrivèrent en première, deuxième et troisième place mais furent disqualifiées car les commissaires considérèrent que leurs quatre feux supplémentaires leur avaient conféré un avantage « déloyal ». Quoi qu'il en soit, Aaltonen conduisit la petite « boîte » anglaise jusqu'à la victoire l'année suivante, tandis que Hopkirk arriva sur la plus haute marche du podium lors du Rallye d'Acropolis.

Les victoires sur circuit ne furent pas en reste : quasiment chaque année entre 1964 et 1969 le championnat anglais de tourisme était dominé par la Mini Cooper dans la catégorie jusqu'à 1000 cm³ et la Mini Cooper S dans la catégorie jusqu'à 1300 cm³. Le pilote le plus célèbre fut John Rhoeds, qui gagna quatre fois de suite (1965-68) et s'empara, la dernière année, du titre de Champion d'Europe. La fin des années soixante marqua également la fin de l'épopée de la Mini Cooper. Une dernière vague de succès, déferla cependant entre 1977 et 1979 avec Richard Longman dans la catégorie 1300 cm³ du championnat britannique, au volant de la Mini Clubman 1275 GT.

Même si les grandes victoires internationales font désormais

The most important victory, the overall first place at Monte Carlo in 1964, was, instead, brought home by an Englishman, Paddy Hopkirk. Another Finn, Timo Makinen, repeated the feat in 1965 while the 1966 edition witnessed one of the most controversial decisions ever taken by race officials: three Minis took first, second and third place, yet were disqualified because the officials ruled that their four extra headlights had given them an "unfair" advantage. Nevertheless, Aaltonen piloted the British-built 'box' to victory the following year, while Hopkirk made it to the top of the podium in the Rally of the Acropolis.

Success on the race circuits was in no short supply either: almost every year from 1964 to 1969 the British Tourist championship was dominated by the Mini Cooper in the up-to-1000 cc class and the Mini Cooper S in the 1300 class. The most famed driver was John Rhoeds, who won four times in a row (1965-68), scoring a double whammy in the final year by taking the European championship too. As the Sixties waned so did the flurry of triumph. However, a final string of victories (1977-79) was put together by Richard Longman in the 1300 cc category of the British Championship at the wheel of a Mini Clubman 1275 GT. While the great international victories now belong to yesteryear, the iconic status of the Mini has meant that its

partie du passé, la Mini n'a pas dit son dernier mot en compétition : encore aujourd'hui, il existe en Grande-Bretagne, quatre championnats exclusivement réservés aux Mini, sans compter les innombrables disciplines où elles continuent à exceller, du slalom à la course de côte, des compétitions d'accélération aux courses de « stock-car » lors desquelles les voitures renforcées à l'aide de barres d'acier se heurtent violemment.

racing days are not over. Even today there are, in Great Britain alone, four separate championships reserved for Minis alone – and that's without counting the innumerable specialities in which it continues to enjoy success, from slaloming to stop-watched hill climbs, from acceleration competitions to "stock car" races where the vehicles take a battering and have to be reinforced with steel bars.

182

Alessandro Sannia est né à Turin en 1974. Diplômé d'architecture, il travaille en tant que designer dans l'industrie automobile et se passionne pour tout ce qui a quatre roues et, de préférence, un logo FIAT. Il est membre de la Commission culturelle de l'Automotoclub Storico Italiano, de la prestigieuse association italienne pour l'histoire de l'automobile et de l'association américaine des historiens automobiles. Il collabore en tant que journaliste indépendant avec de nombreuses revues spécialisées et est l'auteur d'une série d'ouvrages sur les FIAT hors-série. Il est aussi l'auteur de : « Le fuoristrada Fiat », « Le ambulanze italiane », « Fiat 500: la Guida/the Guide », « Fiat Campagnola » et « Il grande libro delle sportive Fiat ». Il a écrit en 2005 « Fiat 500: piccolo grande mito », paru aux éditions Gribaudo.

Alessandro Sannia was born in Turin in 1974. A graduate in architecture, he works as a designer in the car industry and is an enthusiast for anything with four wheels and, preferably, a FIAT logo. He has been National Technical Commissioner of the Italian FIAT Registry and is a member of the Cultural Commission of the Italian Vintage Car and Motorcycle Club (Automotoclub Storico Italiano), the prestigious Italian History of the Automobile Association and the American Society of Automotive Historians. He works as a freelance journalist with numerous specialised publications and is the author of a series of books dedicated to custom-built FIATs. His other books include Le fuoristrada Fiat, Le ambulanze italiane, Fiat 500: la Guida/the Guide Fiat Campagnola *and* Il grande libro delle sportive Fiat. *For Edizioni Gribaudo wrote in 2005* Fiat 500: piccolo grande mito.